원서발췌
미국 헌법의 경제적 해석

An Economic Interpretation of
the Constitution of the United States

고전 명작을 읽는 가장 쉬운 길,
'지식을만드는지식 원서발췌'

축약, 해설, 리라이팅이 아닙니다. 원전의 핵심 내용을 문장 그대로 가져옵니다. 작품의 오리지낼리티를 가감 없이 느낄 수 있습니다.

두껍고 읽기 어려워 책장을 덮어 버리곤 했던 고전을 발췌합니다. 해당 작품을 연구한 전문가가 작품의 정수를 가려 뽑아냅니다. 핵심만 읽기 때문에 더 빠르게 더 많은 고전을 읽을 수 있습니다. 제외된 부분은 중간중간 친절하게 요약 설명합니다. 풍부한 해설과 주석으로 전체 내용을 파악하는 데 무리가 없습니다. 정확한 번역, 적절한 윤문으로 10대에서 80대까지 누구나 쉽게 읽을 수 있습니다. 콤팩트한 사이즈와 분량이므로 간편하게 휴대할 수 있습니다. 수천 쪽의 고전을 발췌된 내용으로 읽고도 전체 의미를 파악할 수 있는 것이 지식을만드는지식 원서발췌의 매직입니다. 발췌율은 표지에 표시하고 발췌 방법은 일러두기에 상세히 밝힙니다.

고전 독자를 발췌 읽기에서 완역 읽기로, 더 나아가 원전 읽기로 안내합니다. 바쁜 현대인들에게 새로운 고전읽기 방법을 제시합니다.

원서발췌
미국 헌법의 경제적 해석

An Economic Interpretation of
the Constitution of the United States

찰스 비어드(Charles A. Beard) 지음
양재열 옮김

대한민국, 서울, 지식을만드는지식, 2025

편집자 일러두기

- 이 책은 찰스 비어드(Charles A. Beard)의 《An Economic Interpretation of the Constitution of the United States》(1935)를 원전으로 삼았습니다.
- 이 책은 전체 분량의 약 24%를 발췌한 것입니다.
- 각주는 모두 지은이가 작성한 것이고, 옮긴이가 작성한 것은 '옮긴이 주'로 표시했습니다.
- 외래어 표기는 현행 한글어문규정의 외래어표기법을 따랐습니다.
- 이 책은 2008년 10월 15일 한정판 '고전천줄' 시리즈로 처음 출간했습니다. 2012년 8월 8일 표지를 바꿔 '천줄읽기' 시리즈로 다시 출간했다가 이번에 '원서발췌' 시리즈로 옮겨 출간합니다.

차례

저자 서문 • 3
제1장 미국에서의 역사 해석 • 7
제2장 1787년의 경제적 이해관계에 대한 개관 • 16
제3장 헌법 제정 운동 • 30
제4장 대표자 선출의 재산 자격 • 38
제5장 제헌 회의 대표자들의 경제적 이해관계 • 44
제6장 경제적 문서로서의 헌법 • 62
제7장 제헌 회의 구성원들의 정치적 신조 • 78
제8장 비준 과정 • 84
제9장 헌법에 대한 일반투표 • 97
제10장 헌법 비준 투표의 경제적 분석 • 106
제11장 동시대인들의 눈에 비친 비준을 둘러싼 경제적 갈등 • 122
결론 • 130

해설 • 133
지은이에 대해 • 140
옮긴이에 대해 • 143

미국 헌법의 경제적 해석

저자 서문

 본문의 내용은 본 주제를 철저히 연구 분석하려는 것보다는, 역사 탐구에 새로운 방향을 제시해 보고자 하는 의도로 준비된 것이었다. 이와 같은 변명은 독자들의 비평을 의식한 것이라기보다는 사실 고백이라 해야 옳을 것 같다. 실제로 본고의 연구가 앞으로 얼마만 한 과제를 남겨놓고 있는지에 대해서 필자보다 더 정확히 알고 있는 사람도 없을 것이다. 본고에서 처음 헌법의 형성과 관련하여 이용되었던 워싱턴 재무성의 많은 기록들은 다른 출판과 미출판 기록들과 함께 앞으로 수년간의 연구거리를 제공할 것이라 생각한다. 이런 기록들을 통하여 우리들은 1783년에서 1787년 사이 미국의 경제적 상황에 대한 이해를 증진시킬 수가 있을 것이다.

 만약 누군가가 이와 같은 단편적인 연구를 결론이 도출될 때까지 유보하지 않고 지금 당장 출판하는 이유가 무엇이냐고 묻는다면, 그에 대한 설명은 간단하다. 그것은 필자가 지속적인 연구에 필요한 시간을 만들어낼 수가 없기 때문이며, 그리고 이후 적당한 시기에 이 책에서 시작된 연구 조사를 완성할 가망성이 희박하기 때문이다. 따라서 나는 본고를 출판사에 맡기면서 현재의 역사학자들 중 일부라도 삭막한 '정치사'에서 정치상의 커다란 움직임을 조건 지어주는 실제 경제력의 연구에로 전향할 수 있도록 하는 데 조그마한 기여를 할 수 있기를 기대했다.

필자는 이 책을 헌법에 대한 하나의 경제적 해석(an economic interpretation of the Constitution)이라고 부르기로 했다.

그리고 유일한 '해석법'이란 의미로 'the' economic interpretation 혹은 'the only' interpretation이라는 등의 표현을 사용하지 않았다. 또 헌법 기초 및 채택의 '역사(the history)'라고 하지도 않았다. 본문의 전개에 앞서 독자들에게 주의를 환기시키고 싶은 것은 완벽하고 포괄적인 어떤 그럴듯한 공식을 도출해 내려 하고 있는 것이 아니라는 점이다. 그저 정신적인 구도로서의 헌법 속에 경제적 갈등, 모순, 긴장 등과 같은 현실적 요소들을 되돌려 놓겠다는 것이 필자의 의도였다.

필자는 이 책을 쓰기 전 마르크스에 대해 흥미를 느끼게 되었는데, 그것은 그의 저서들에서 이전의 저명한 정치가·사상가 등에 의해 적절하게 표현된 적이 있는 개념들이 발견되기 때문이었다. 마르크스의 학창 시절에 대한 조사 결과, 그가 자신의 역사 가설을 제시하기 전에 아리스토텔레스, 몽테스키외 및 기타 긍정적인 성향의 사상가들의 글에 심취한 적이 있었다는 사실을 발견하고서 필자의 관심이 더욱 깊어졌다.

이 책은 어떤 특정 정치 사건을 대상으로 하여 쓴 것이 아니며, 미국 헌법에 관한 논의에서 있을 수 있는 모든 경우를 조명할 목적으로 썼지만 미국 헌법을 '설명'하려는 책이 아니다. 또 설명가들에게 좀 더 만족스럽게 보일 수 있는 다른 종류의 설명을 배제하려 하는 것도 아니다. 그러나 이 책의 결점이 어떤 것이든, 이 책이 헌법을 연구하는 학도들과, 또 그것을 해석하는 것이 직업인 법률가들에게, 유용할 수 있는 관련 사실들을 제시해 주고 있는 것도 사실이다. 미국 헌법이라는 것은 적어도 직접적으로는 경제적인 이해관계를 지니고 있었으며, 근래에는 특정 직업에 종사하고 있거나 이해관계에 있는 사람들에 의해서 논의되고 또 적용되고 있던 것이다. 누구라도 경제적 힘들을 역사의 장 밖 혹은 대중 토론의 장 밖으로 밀쳐놓는다면, 실제 대신 신화를 취하고 문제점에 대한 분명한 해결보다는 혼란을 야기하는 치명적인 위험에 빠지게 될 것이다. 미국 헌법의 제정자들이 시대를 넘어 위대한 실천적인 정치가로서 평가되고, 통치술에 있어서 후세에 많은 교훈을 남겨줄 수 있던 것은, 대체로 정치계에 작용하는 경제적 힘을 인식하고 그것들을 교묘하게 이용함으로써 가능했다. 그 이면에 어떤 이해관계가 작용했고, 구체제의 변화나 유지가 누구에게 이익이 되는지 등에 대한 꾸준한 연구가 이제 필요한 것이다. 이와 같은 자세를 잃어버릴 때, 우리들은 역사의 희생물―역사 저술가의 손아귀에 든 점토 신세―이 되고 말 것이다.

제1장 미국에서의 역사 해석

대체적으로 3개 부류의 연구 학파들이 미국의 역사 연구와 일반론을 지배해 왔다. 그 첫 번째가 당연히 밴크로프트(George Bancroft)라는 이름으로 연상되는 것으로서, 우리 국민들의 생활 속에 이룩된 커다란 업적들을 신에 의해 인도되고 있는 한 민족의 특별한 도덕적 특성으로 설명하는 것이다. 혹은 미국의 발달 과정 가운데 인간의 의지가 아닌 보다 높은 뜻에 의해 이룩된 성과를 보는 것이라 표현하는 것이 정확한 것일지도 모르겠다. 밴크로프트의 말을 빌리면, 헌법을 둘러싼 투쟁의 역사 속에는 "우주에 통일성을 부여하고 사건들 사이에 질서와 관련성을 제공하는 신성한 힘의 작용"[1]이 보인다는 것이다.

밴크로프트의 저서 여기저기에 흩어져 있는 이와 같은 진술에도 불구하고, 실제로는 그의 역사 구성 원리를 지배하고 있는 중심 사상이 무엇인지 한마디로 묘사하는 것이 불가능하다. 그것은 그가 자신이 성장한 사회계층의 계급

---

[1] 《The History of the Constitution of the United States》(1882 ed., Vol. II), 284쪽.

성으로부터 벗어나지 못했고, 또 평범하다 할 수 없는 역할을 담당하고, 공적인 생활의 필요성에 의해 너무나 자주 흔들렸기 때문이다. 심지어는 완벽한 진실을 이야기할 때에도 양심에 바탕을 두려고 하지 않았다.

  밴크로프트는 자신의 저서 가운데 그 증거가 될 만한 구체적인 사건을 언급하지도 않은 채, 인간사에 작용하고 있다고 하는 그 '보다 높은 힘'을 되뇌었다. 그는 자신의 이론에 근거를 제공하는 것은 어떤 구체적인 사건 혹은 사건들이 아니라 모든 역사 과정이라 보았던 것이다. 그는 말하기를, "인간들 가운데 자신보다 나은 자가 없다고 믿는 자들의 수가 아무리 많다 하더라도, 역사에서 독재와 비리는 필연적으로 멸망하고, 자유와 정의는 그 투쟁이 힘겨울지라도 무적임이 증명된다는 것을 입증해 준다. 이 확신을 통해서, 고대국가들은 젊음을 되찾는 법을 배우고, 성장하는 세대들은 거기에 고무되어 위대한 시간적 드라마에 대담하게 참가하게 되고, 늙은 세대는, 자신의 동료이자 소중한 것인 달콤한 희망에 안주하면서 조금도 용기가 꺾이지 않고, 또 '높은 힘'의 뜻이나 의지에 반대하며 언쟁할 이유를 찾지 않으면서, 인간성의 칼은 여전히 아침의 이슬처럼 신선하다는 확신 속에서, 그리고 국가들의 구세주는 살아 있다는 조용한 확신 속에서 기다리고 있게 된다"라고 했다.

밴크로프트 다음으로 등장한 두 번째 역사 해석 학파는 튜턴적(게르만적)이라 할 수 있다. 그들은 영어 사용 민족들이 이룩한 훌륭한 업적이 게르만족의 특별한 정치적 재능에서 기인한다고 말하고 있다. 이 학파는 역사에 있어서의 '높은 힘' 이론에 대해서는 분명하게 반대하지 않으면서, 앵글로색슨 세계의 '자유로운' 제도적 발달의 비밀을 천성적인 인종적 특징 가운데에서 구하고 있다.

이 학파의 주장은 간단히 다음과 같다. 튜턴인들(게르만족)은 본래부터 고유의 정치적 재능과 성향을 지니고 있었다. 그들은 영국을 침공하여 옛 로마 문화와 브리튼 문화의 흔적을 파괴했고, 세계에 '자유' 정부의 발달이라는 한 선례를 제시했다. 이 특별한 축복을 받은 민족의 후손들이 미국을 건설했고 옛 영국의 예를 쫓아 그들 자신의 제도를 만들었으며, 그들 정치적 천재들의 최종 결실은 연방헌법을 창조함으로써 완결되었다는 것이다.

우리 제도에 관한 튜턴적인 이론은 1세기가 넘는 동안 미국 역사 연구에 깊은 영향을 끼쳐왔다. 그러나 이 학파는 획기적인 시대에 대한 연구보다는 지방정부에 대한 연구에 전념했고, 스터브(Stubb)의 《영국 헌법사(Constitutional History of England)》에 비견될 만한 기념비적인 지식 산출에는 실패했다. 다만 이 학파는 자신에 대한 평가와는 상관없이 나름대로의 역사 설명법과 근거를 지니면서, 극히 유용한 어떤 목적에 기여를 했는데 그것은 자신들이 주장한 전제에 대한 증거 문헌 제시에 극히 주의를 기울임으로써, 그 이전의 사학자들보다 더욱 비판적인 정신을 배양했다는 것이었다.

세 번째의 학파는 한마디로 설명되지 않는 그런 성격의 것으로, 그 안에 아무런 가설조차도 들어 있지 않은 것이 두드러지는 역사 연구 방법이다. 그 대표자들은 이전의 연구자들을 괴롭혀 온 많은 문제점들을 직시하고서, 큰 의미의 '해석'이라는 것으로부터 벗어나 기록들에 대한 고증과 관련 사실의 '공정한' 제시에 관심을 기울였다. 미국 역사학계에서 이와 같은 연구 경향은 상당한 성과를 거두었는데, 우선 역사적 자료를 사용할 때 사람들로 하여금 보다 조심스럽게 다루도록 했고, 또 표면적 사건들에 관한 많은 훌륭하고 정밀한 조사 기록들을 우리들에게 남겼다. 이와 같은 조사는 그 사건 이면의 원인을 깊이 추적하고 있는 연구자들에게는 필수적인 작업이었다.

그러나 이런 역사 연구는 과학의 역사와 얼마간 관계가 있는데, 그 관계는 생물학의 분류론과 생태학 사이의 관계와 같은 것이다. 다시 말하면, 현상들을 분류하고 정리하는 등의 작업은 하지만, 그것들의 궁극적인 원인이나 관계들을 설명하는 일은 하지 않는다는 것이다. 미국을 비롯한 여러 지역에서 이와 같은 역사 정신이 유행했는데 이것은 별로 놀라운 일은 아니었다. 왜냐하면 역사의 해석 학파는 항상 사회적인 대립 속에서 나타나는 것 같기 때문이다.[2] 예를 들면, 성장·발전하고 있을 때의 군주제는, 제임스1세가 말했듯이, 보통의 사람들이 결코 범접할 수 없는 하나의 신비로서 받아들여지고 있는 한 결코 정확히 이해되지 못했다. 이 구체제가 있었기 때문에 튀르고(Turgot)나 볼테르 같은 사람이 존재했고, 대혁명이 있었기에 메테르니히(Metternich)와 드 메스트르(Joseph de Maistre)가 나왔던 것이다.

결정적으로 정치에서의 경제적 결정론에 대해 아래와 같이 말할 수 있겠다.[3] 즉 현대사회에 있어서 재산의 정도

---

2) 예를 들면, 영국에 있어서 다위니즘의 유형과 중기 빅토리아 시대 중산층의 경쟁적인 사고방식 사이에는 밀접한 관련성이 보인다. 다윈은 자신의 주요 개념 가운데 하나인 '생존 투쟁'을 맬서스(Malthus)로부터 배웠다. 맬서스는 사회개혁가인 고드윈(Godwin)·콩도르세(Condorcet) 등을 비판하기 위한 하나의 관념으로 만들어내어, 나중에 후관념(afterthought)의 하나로서 이것을 중요한 과학적 가설로 세웠다.
3) 셀리그먼(Seligman) 교수가 설명한 역사에서의 경제적 해석 이론은

나 그 종류의 차이는 불가피하게 존재할 수밖에 없다는 것이다. 정당의 당론이나 '원리'들은 각자가 소유하고 있는 재산에 따라 혹은 재산의 종류에 따라 발생하는 견해나 감정에서부터 시작하는 것이다. 그리고 재산에 따른 계급분화나 집단 차이 등은 근대적 정부의 기초다. 따라서 정치나 헌법에, 상쟁하고 있는 이들 이익집단의 이익이 반영될 것이라는 사실은 명백하다. 그러므로 경제적 결정론을 유럽의 수입품이라며 거부하는 사람들은 그 견해를 바꾸어야 할 것이다. 왜냐하면 우리의 기본법을 기초한 제헌 회의에 참석했던 한 학식 있는 정치학도가 일찍이, 그리고 분명하게 이 가설에 대하여 이야기한 적이 있기 때문이다.

사회과학에서 언급할 수 있는 한 매우 격언적인 제안이다. "인간의 생존 능력은 그 자신을 지탱할 수 있는 능력에 달려 있다. 따라서 경제적 생활은 모든 생활의 기본적인 조건이다. 그러나 인간 생활은 사회 안의 삶이기 때문에 개개인의 생존은 사회구조의 틀 안에서 함께 움직이며 또한 그것에 의해 영향을 받고 있다. 생존의 조건들이 개개인에게 가장 중요하듯이, 생산과 소비라는 유사한 관계가 공동체에서 가장 중요한 것이다. 그에 따라 경제적 요인들은, 사회의 구조 안에서의 변화의 마지막 단계로 보아야 한다. 이 사회 자체는 사회 계급과 사회생활의 다양한 변이 사이의 관계를 조건 짓는다."《The Economic Interpretation of History》, 3쪽.

헌법의 채택과 형성에 관한 경제적 해석의 이해를 위해서는 확실한 자료를 통해 절대적으로 입증할 수 있는 그와 같은 것은 아니더라도, 문제 해결을 위한 연구와 일반화를 위해 그 방향을 제시해 주는 아래와 같은 가설을 세워보는 것이 좋을 것 같다.

헌법이 일정 수의 사람들에 의해 만들어졌으며, 또 다른 일단의 사람들의 반대를 받았던 것은 논쟁의 여지가 없을 것이다. 그렇다면 헌법의 기초와 채택에 관련된 사람들의 경제적 측면의 전기-총 16만 명이나 되는 사람들의 전기-를 수집할 수 있다면, 과학적 분석과 분류를 위한 자료들을 얻을 수 있을 것이다. 물론 이와 같은 경제적 전기 속에는 이들과 이들의 가족들이 소유했던 동산·부동산의 목록이 기록되어 있을 터이니, 토지와 가옥, 채무 관계, 빌려준 돈, 노예, 무역이나 제조업에 투자한 자본, 주(State)나 대륙(Continental, 대륙 의회)에서 발행한 채권 등 모든 것이 여기에 포함되어 있을 것이다.

이 자료를 근거로 헌법에 대한 지지자와 반대자를 분류했을 때, 전혀 재산상의 구분이 보이지 않았다고 한다면, 즉 실제로 같은 종류의 재산을 같은 양 소유하고 있었던 사람들이 채택이냐 거절이냐의 문제를 두고 똑같이 나누어졌다고 한다면, 헌법이 경제 집단이나 계급과는 확실한 관련성을 가지지 않았고, 실제 생활, 즉 생계비를 번다는 측면과는 동떨어진 어떤 추상적인 대의에 의해 생성된 것이라는 것이 분명해질 것이다. 그러나 반대로 실제 모든 상인·채권자·채권 소유자·제조업자·무역업자·자본가·금융업자, 그리고 이들의 직업단체들이 헌법을 지지하는 편에 서 있고, 헌법을 반대하는 전체 혹은 다수의 사람들이 노예를 소유하고 있는 자영농이나 채무자였다면, 그것은 우리의 기본법이 '전체 국민'이라는 추상 관념에서 나온 것이 아니라 헌법을 채택함으로써 얻어질 혜택을 기대하고 있었던 것으로 보이는 경제적 이익집단의 작품이라는 것을 단적으로 보여주는 것이라 해야 할 것이 아닌가? 아래 여러 장의 연구를 통해서 제시될 자료들은 방금 서술한 가설을 실증해 주고 있고, 또 그럼으로써 이 경제적 결정론을 받쳐주는 합리적인 근거를 마련하고 있다.

물론 이 헌법에 반대한 자영농과 채무자들도 사실상은 헌법의 채택으로 인하여 전반적으로 일어난 개발의 혜택을 입었다는 것을 말할 수도 있을 것이다. 극단적으로 영국 국민들은 노르만 정복(Norman Conquest)과 그로 인해 도입된 질서 정연한 행정 체계의 혜택을 입었다는 예도 함께 들 수 있을 것이다. 그러나 그렇다고 '공공의 복지 증진'이라는 분명치 않은 용어나 혹은 '정의'라는 추상 관념 따위가 이 획기적인 역사 변화에 있어 어느 편에도 당장의 지도 목표였던 것은 아닌 것이다. 문제는, 두 경우 모두 다 임박한 직접적인 동기가, 예상 수혜자들의 행동으로 인해서 일차적으로 그들 자신에게 돌아올 경제적 이익이었다는 것이다. 그러나 경제적 해석은 이 범위 이상은 진척될 수 없다. 일련의 역사 사건들 각각을 관통하며 작용하는 어떤 커다란 세계 질서가 존재할 수도 있다. 하여튼 궁극적인 원인은 우리 지식의 한계를 벗어난 것이기 때문이다.

제2장 1787년의 경제적 이해관계에 대한 개관

역사를 경제적으로 이해하려는 이론은 전반적으로, 사회의 진보가 사회 속에서 변화에 적극적이거나 아니면 변화를 반대하는 여러 이익들의 충돌로 인해 일어난다고 하는 개념에 바탕을 두고 있다. 이런 가설을 바탕으로 우리가 본 연구를 시작하면서 최초로 해야 할 일은, 미국 헌법이 채택되기 바로 전에 미국에는 어떤 계층과 사회집단이 존재하고 있었는지, 또 그들 재산의 성격상 그들 가운데 어떤 집단이 구체제의 전복과 새 체제의 건설로 즉각적이고도 분명한 혜택을 입게 될 것이라고 기대했는지를 알아내는 것이다.

1787년 당시의 재산 분포 상황에 대한 조사는 분명히 정치사뿐만 아니라 경제사의 연구를 위해서 중요한 연구였을 것임에도 불구하고, 이상하게도 이에 대한 대규모 조사가 시도된 적이 없었다. 심하게 말하면 시작도 안 되어 있는 것이다. 따라서 이 글에서도 당분간 연구의 대상이 되고 있는 기간에 대해 다소 상세한 서술을 남긴 역사가들의 진술에 의존할 수밖에 없다. 아래의 내용들은 필자가 다룰 주제의 표면적인 측면을 다룰 수 있는 방법을 제시하는 데 불과하다.

선거권이 없는 사람(The Disfranchised)

1787년의 미국 사회구조에 대한 조사에서, 우리는 먼저 그들의 경제적 지위에 따라 명시적인 법적 명칭을 지닌 네 개의 집단과 만나게 된다. 그들은 노예, 연기 계약(年期契約) 노동자, 주 헌법과 법률이 정한 재산 자격 심사에서 투표권이 박탈된 많은 대중, 그리고 여자들로서, 이들은 선거권이 박탈된 채 관습법의 차별 대우를 받게 되어 있었다. 따라서 이들 집단들은, 대표자와 투표권과는 아무런 관계가 없다고 하는 이론하에서가 아니라면, 헌법을 제정한 제헌 회의에는 자신들의 대표자가 없었다.

이 선거권이 없는 사람들이 어느 정도나 되었는지는 확실히 알지 못한다. 예를 들어, 펜실베이니아나 조지아의 읍에서는 무산 기술자들도 투표할 수 있었다. 그러나 다른 주에서는 자유 토지 보유 자격에 따라 수많은 성인 남자들이 제외되기도 했다. 그리고 당시 어떤 주에서도 노동자들이 당시 정치인들의 주의를 끌 만큼 자신들의 독자적인 이익을 의식하고 조직을 형성하지는 못하고 있었다. 18세기 사상가들이 남긴 많은 글을 읽고 있으면, 당시 이미 사회의 한 부분을 구성하고 있을 정도로 규모가 큰 노동자계급에 대해, 미래 프롤레타리아의 힘을 예견하고 두려움의 대상으로 간주하고 있거나, 혹은 그 반대로 그 존재와 계급적 문제에 대해 정치적으로 무관심했다는 놀라운 사실을 알게 된다.[4]

그러나 사회정책에 관한 한, 노동자계급의 문제는 당시 정치가들에게 아무런 영향도 끼치지 못했다. 제조업에 관한 해밀턴의 보고서 가운데도 이 문제는 거의 주목을 받지 못하고 있다. 그는 기계를 광범위하게 도입함으로써, "그렇지 않았더라면 성격이나 습관 혹은 신체상의 결함 등으로 일을 하지 못하고 사회의 부담이 되어 국가의 고난에 참여하지 못하게 될 많은 사람들을 고용하는 효과를 얻게 될 것"이라고 보았다. 그는 계속해서 "일반적으로 제조업체에서 여성과 아이들, 특히 아이들을 보다 어린 나이에 많이 이용할 것이라는 것은 주목할 가치가 있다. 영국 면직물 공장에 고용된 사람들 가운데 거의 7분의 4가 여성이나 아이들인 것으로 추정되었고, 아이들이 차지하는 비율이 가장 높으며 나이 어린 아이들도 많다"라고 했다. 해밀

---

[4] 도시의 노동자들은 모두 무관심한 관객만은 아니다. 칼 베커(Becker)의 《Political Parties in New York》을 보라. 그들이 선거권을 박탈당할 경우에, 의심의 여지도 없이 그들은 도시의 중요 이해관계가 걸린 투표에서 농민들과 달리 헌법을 선호하는 투표를 했다.

턴은 이 이점이 각 가정의 아버지에게로 돌아갈 것이라 보았는데, 그는 말하기를 "남편들은 근처 공장들의 수요로 고용되고 고무된, 아내나 딸의 증가된 노동으로부터의 새로운 이익과 도움을 경험하게 된다"라고 했다.

정치적으로 존재하지 않았던 이들 집단을 검토하면, 투표권이나 경제력을 소유한 자들이 이와 같은 집단(노동자계급)으로부터의 공격에 대항해서 자신들의 권리를 방어해야 할 상황이 되지 않는 한, 정치적으로 선거권을 박탈당한 무리들 사이에도 사회적인 집단화의 움직임이 나타남을 보게 된다. 다시 말하면, 모두가 알고 있듯이 사회적인 분화가 매우 날카롭게 일어나고 있었지만, 특정 계층의 특혜를 나타내는 외부적인 법적 표시는 없었다.

부동산 소유 집단

재산 소유자들은 몇 개의 뚜렷한 집단으로 분류될 수 있다. 그러나 물론 그들은 매우 서서히 눈에 띄지 않게 서로 섞여갔다. 크게 말해서, 동산과 부동산 이익집단 둘이 존재한다. 그러나 여기서 잠깐 주의할 점이 있는데, 대농장주와 남부의 소규모 내지 농장(內地農場)들 사이에는 영국의 기사와 요먼(Yeoman, 자영 농민) 사이에 존재했던 것과 같은 뚜렷한 이익 차이가 있지는 않았다는 것이다. 부동산 소유자들은 대체로 3개의 일반적인 집단으로 분류할 수 있는데, 즉 뉴햄프셔에서 조지아에 이르는 지역에 분포되어 있는 해안 지방에서 돌아온 소농민들, 허드슨 강둑을 따라 발견되는 장원 영주들, 그리고 남부의 노예 소유 농장주들이다.

1. 이들 중 첫 번째 집단인 소농민들은 매우 동질적인 계층을 형성했다. 내지(內地)는 기술자, 가난한 백인, 그리고 유럽으로부터 들어온 (특히 스코틀랜드계 아일랜드인) 이민자들로 채워졌다. 이들은 자신들이 살고 있는 거친 자연의 영향을 받은 독자적인 사회적·정치적 견해들을 지니고 있었지만, 실제의 정치적 주장은 연안 지방의 집단들에 대한 적대감에서 발생하고 있다. 갈등의 원천은 토지 소유 그 자체와도 관계가 있었다. 투기업자들이 서부 지역의 많은 땅을 차지하고 있었고, 정착민들은 무단 거주자가 되거나, 아니면 이들 대규모 토지 소유자들로부터 땅을 사들여야 했다. 그리고 정착민들이 투기업자를 피해 서부로 이동하자, 투기의 변경도 역시 확장되어 나아갔다.

소농민들은 자신들의 토지를 갖기 위해 자주 빚을 지는 이외에, 자신들의 자원(토지)을 개발하기 위한 자본의 대부분을 도시에 의존하고 있었다. 다른 말로 하면 그들은 커다란 채무자 계층이었던 것이다. 여기에는 물론 도시 거주자 가운데 이와 비슷한 불우한 처지에 놓여 있던 사람들도 포함된다.

이 채무자 계층들이 여러 주에서 같은 이익집단으로서의 강력한 의식을 기르고 있었던 것은 지방 정치나 법에서 분명히 나타나고 있다. 매사추세츠의 셰이(Shay)의 난,[5] 로드아일랜드, 뉴햄프셔 등 기타 여러 주에서 일어났던 소요 사태, 지폐 옹호론자들의 주 의회 내에서의 활동, 채무자를 구제하기 위한 수많은 계획들, 예를 들면 금고형 폐지, 지폐 사용, 채무 구금 금지법, 그리고 채무자들에게 정화(正貨) 대신 토지를 중재위원회가 정한 가격으로 수용할 것을 요구하는 제안 등, 이와 같은 조치들과 기타 많은 계획들을 통해서, 당시 채무자들이 자신들의 지위에 대한 의식을 지니고 법 조항의 제정에 자신들의 이익을 반영시키기 위해 적극적으로 나섰다는 사실을 알게 된다.

2. 토지 소유자들의 두 번째 집단은 허드슨 강 계곡 지역의 장원 영주들로, 그 자체로서 특별한 귀족 사회를 이루면서 독립 혁명이 끝나고 헌법이 제정되기까지의 기간

---

5) 셰이의 난: 1786년에서 1787년 사이에 미국 북동부 매사추세츠 주에서 일어난 농민 반란.

에도 혁명 전과 마찬가지로 뉴욕 정치계의 지배 계층을 형성하고 있었다. 이 집단은 지폐의 발행을 막을 수도 막으려고도 하지 않았는데, 지폐 발행의 부담이 자신들에게보다는 자본가들에게 가해졌기 때문이었다. 또 이들은 자신들의 영향력을 이용하여 세 부담을 토지로부터 수입품으로 전가시켰는데[6] 이와 같은 사실이 크게 작용하여 이들은 헌법에 반대하게 되었다. 왜냐하면 헌법의 제정은 주에서 사용할 세 부담이 토지로 넘어가는 것을 의미하기 때문이었다. 이 집단의 대변인들은 주권론(州權論)을 소리 높여 외쳤지만, 연방주의자들의 지도자들은 이 주장을 지방 젠트리[Gentry, 지주(地主)]의 경제적 우위를 유지하기 위해 내놓은 공허한 거짓 이상으로 보지 않았다.

3. 세 번째의 토지 소유 집단은 남부의 노예 소유주였다. 당시 남부의 여러 주는 원자재를 내다 팔고 있었으며 해운업의 경쟁력도 부족한 상태였는데, 이들 남부 지역 주의 대표자들이, 바로 북부 지역의 이익을 위해 고안된 통상 규제에, 자신들을 휘말리게 만들 연방에 참여하고자 했

---

[6] 토지 소유자들이 이런 일을 할 수 있었던 이유는 뉴욕 시가 코네티컷과 뉴저지로 들어가는 통관 항구이기 때문이었다. 세 부담을 인접 주들의 소비자에게도 전가시킬 기회는 너무나 매혹적이어서 거기에 반대할 수가 없었다.

다는 것은 선뜻 이해가 가지 않을 일이다. 기록을 검토해 보면, 그들이 이와 같은 명백한 모순을 알고 있었다는 사실을 알 수 있다. 그러나 강력한 연방 정부 아래서 얻게 될 이익이 그 손해를 충분히 보상하고도 남는 것이었다는 사실도 알 수 있게 된다.

이렇게 각 주의 경계 너머로 통하는 경제적 이익들을 이어줌으로써 국민주의가 창조되었던 것이다. 매사추세츠의 채권자들이 셰이의 '절망적인 채무자들'을 진정시키는 일에 관심을 지니고 있는 만큼이나, 남부의 농장주들도 노예 폭동이 일어나지 않도록 질서를 유지하는 일에 관심이 있었던 것이다. 그리고 그와 같은 노예 반란의 가능성은 결코 멀리 있는 것이 아니었다. 1789년 노예 소유주들은 주 안의 소요가 있어서 지방경찰이나 지방 민병대의 힘만으로 감당할 수 없을 경우 주 정부가 연방 정부의 강력한 군대를 부를 수 있다는 사실을 알고서는 모두 보다 안도감을 느꼈을 것임에 틀림없다. 북부 지역이 자신들에게 유리한 차별적인 통상 규제를 만들었을 가능성은 충분하지만, 그것들은 가령 기차를 타고 가다가 당할 수 있는 재난에 대한 보험 정도로 간주될 수 있었던 것이다. 배에 실을 상품이 없는 경우보다는 비록 악법이라 할지라도 그 법 아래서 상품을 선적할 수 있다는 것이 명백히 더 나았던 것이다.

동산 이익집단

두 번째로 광범위한 이익집단은 부동산과 대조를 이루는 동산 이익집단이었다. 여기에는 특별히 대부된 돈, 주나 대륙 의회 발행의 채권, 상품 재고, 제조업 공장 설비, 군인들의 군표, 그리고 해운업 등이 포함된다. 1787년 동산의 부동산에 대한 비율은 연구된 바 없고, 또 이런 중요한 문제를 해결해 줄 만한 충분한 자료가 있을지도 의문이다.

현금 동산

1787년 당시 이식(利殖)을 노리고 있는 현금이나 혹은 투자 대상을 노리는 자본금 형태의 동산 규모는, 현재와는 달리 부동산의 규모와는 상대가 될 수 없는 액수였지만, 그러나 결코 어떤 주에서도 고려 대상이 아닐 정도의 미미한 것은 아니었다. 1793년 뉴햄프셔의 과세 통계표에 따르면, 당시 건물을 포함한 부동산의 가치는 89만 3327파운드 16실링 10펜스였고, 소유하고 있거나 대출한 것 모두를 포함한 현금은 3만 5985파운드 5실링 6펜스였다. 1792년의 매사추세츠의 과세표에 따르면, 대출된 것이 19만 6698파운드 4실링 6펜스이고, 현금 보유가 9만 5474파운드 4실링 5

펜스였다. 1795년의 코네티컷의 과세표에는 대출된 것이 6만 3348파운드 10실링 1펜스로 되어 있었다.

현금 자본의 경우 '연합 헌장(Article of Confederations)' 아래에서는 두 가지 면에서 곤란한 점이 있었다. 그것은 첫째 제조업을 위한 보호 조항이 결여되어 있음으로 해서 그들이 이익을 추구할 만한 출구를 찾기가 어렵다는 것, 즉 서부 지역 토지의 투자에 안정성이 없었다는 것이며, 둘째는 미국에서 외국인들에 의해 미국 해운업이 차별 대우를 받고 있다는 것이다. 현금 자본은 또 지폐 제조자, 강제집행정지법(强制執行停止法, the stay law),[7] 불모사지법(不毛砂地法, the pine barren law),[8] 그리고 기타 당시 유통되는 화폐의 평가절하와 채무 변제의 연기를 위한 방안들의 공격 대상이 되고 있었다. 게다가 화폐의 수준이 그 안정성과 통일성에 문제가 있었기 때문에 화폐제도와 화폐 주조에 있어서 커다란 혼란이 야기되고 있었다.

채권자들이 각 주의 입법 과정에서 이 모든 것들에 대해 저항한 것은 당연했다. 그리고 거기에서 적절한 해결

---

[7] 강제집행정지법: 채무자의 빚 대신 인신을 구속하는 것을 금지하는 법. 1787년 제정.(옮긴이 주)

[8] 불모사지법: 개인에게 일인당 1000에이커 이상의 불모지 양도를 금지하는 법. 1787년 제정.(옮긴이 주)

법을 구하지 못하자 마침내는 계약의 의무를 손상시키거나, 지폐를 발행하거나 혹은 기타 채무자들에게 이익이 되는 여러 법들을 막고자 하고 있는 국민 정부의 정책으로 기울었던 것이다. 여기서 채권자의 탐욕이나 혹은 채무자들의 타락이 깊고 심각한 반목의 원인이었는지의 문제는 (당시는 많은 토론의 주제였다) 다룰 필요가 없는 것이다. 다만 여기서는 그 반목이 존재했다는 것과, 헌법에 그것이 제도적으로 반영되었다는 것을 발견하는 것만으로도 우리의 목적에 충분한 것이다. 화폐의 가치가 상승한다든지, 혹은 몰수된 저당 재산의 소유권 확보를 용이하게 한다든지, 자신의 의무에 충실하지 못한 채무자에게 법을 엄하게 집행한다든지 하는 등의 일은 채권자의 이익과 일치하는 일이었다. 채권자들이 채무자들의 공격에 직면하여 계급의식을 가지게 되었는지, 혹은 자신들 스스로 의식 개혁을 통해서 그것을 획득하게 되었는지는 과학적인 측면에서 중요치 않다.

공채 동산

각 주의 정부나 혹은 대륙 의회가 발행한 공채의 소유자들은 안정된 국민 정부의 설립과 훨씬 더 직접적으로 관계를 맺고 있었다. '연합 헌장'하의 정부는 자신이 진 빚에 대해 이자를 지불하지 않고 있었고, 그 증서는 점차 가치가 하락되어 액면가의 6분의 1 내지 20분의 1로 팔리고 있었다. 입법 활동에 대한 심한 불신 때문에, 정부의 의무를 다하겠다는 진지한 노력이 보이고 있는 주에서도 그 주 발행의 공채가 낮은 가격을 벗어나지 못하고 있었다.

빚을 액면가대로 갚아줄 수 있는 강한 국민 정부의 등장이 그들에게 유리한 것이었음은 말할 필요도 없다. 그리고 그들은 이와 같은 점을 잘 이해하고 있었다. 당시 공채가 무형 자산 중에서 커다란 비율을 차지하고 있었다는 사실을 기억할 때, '연합 헌장'을 뒤엎을 혁명을 일으키는 데 이런 요소의 부동산이 매우 중요한 작용을 했을 것은 더욱 명백해진다.

제조업과 해운업에 투자된 동산

세 번째 동산 이익집단으로는 제조업 인구를 들 수 있다. 그들은 이미 당시에도 무시하지 못할 존재가 되어 있었다. 많은 양의 자금이 몇몇 산업 분야에 투자되어 있었고, 또 근처 많은 천연자원에 대해 약간만 연구를 해도 자본주의적 기업을 시도할 만한 굉장한 가능성들이 눈앞에 나타났다. 당시 영국에서는 산업혁명이 진행되고 있었고, 아크라이트(R. Arkwright)[9]의 명성이 멀리 이 땅에도 퍼지고 있었다. 아래 5장에서 제시될 연방 회의의 구성원들을 경제적 이익이라는 측면에서 살피면, 몇몇 주도적인 사람들은 산업계와 직접적으로 연결되어 있는 것을 알 수 있다.

서부 지역 토지에 투자된 자본

연합 헌장하의 연합 의회가, 토지에 대한 지가 분할 지불로 이루어진 거래 증서를 인정하는 정책을 채택했다. 그리고 그들 가운데는 국채도 전부 이와 같은 식으로 소멸시키기를 희망하는 사람도 있었다. 그러나 미약한 연합, 자체 군사력의 결여, 변경 지방에 대한 정책 불확실성 등으로 인해 감정 대상 토지의 많은 부분이 비정상적으로 낮은 가격을 유지했다. 이와 같은 토지에 자금을 투자했거나 그 회사에 투자한 사람들은 당시 시행되고 있는 공공정책의 역효과를 느끼기 시작했고 새로운 안정된 정부의 수립으로 기대되는 이익을 내다보고 있었다.

1787년 당시 사람들의 정책 결정 과정에 있어서, 동산의 특별한 압력이 있었던 이유가 분명해진다. 이들은 화폐의 평가절하를 주장하는 자들로부터 갖가지 공격을 받

---

9) 아크라이트(1732~1792): 영국의 직물 제조업자로서 수력방적기를 발명했다.(옮긴이 주)

고 있었으며, 또한 정부에 의한 활동이나 경우에 따라서는 정부의 무시로 중단된 이익이 될 만한 사업으로의 길을 발견했던 것이다. 연합 헌장하의 연합 의회 정책으로 판단할 경우, 두 개의 관련 집단이 가장 적극적이었는데, 하나는 공채의 원금과 이자를 변제할 수 있을 만큼의 충분한 세입 확보를 위해 활약한 자들이었고, 또 다른 하나는 조선업·제조업, 그리고 서부 지역 토지에 대한 투기 등의 동산 활동을 위한 통상 규제에 활동한 사람들이었다.

또한 여기서 반드시 명심해야 할 것은, 동산이 부동산보다 더욱 적극적이었다는 점일 것이다. 동산은 도시에 집중되어 있어서 방어와 공격을 위해 매우 효과적으로 단합할 수 있었다. 그리고 1787년 당시 이와 같은 활동으로 기대되는 이익도 부동산보다 훨씬 많았다. 그들에게 상당수의 전문직 계층들이 동조하고 있었는데, 소유 관계를 통해서뿐만 아니라 광고나 기타 후견인 제도 등을 이용한 언론에 대한 그들의 영향력은 엄청난 것이었다.[10] 간단히 말해서 그들은 새로운 헌법의 제정 운동에 원동력이었던 것이다.

---

10) 당시의 신문에 대한 연구는, 헌법을 옹호하는 저명인사들 중에 상인들과 토지 투기업자들이 연방주의자 계열의 언론에서 선전활동을 하고 있었음을 보여주고 있다.

제3장 헌법 제정 운동

 1787년 당시 운용되던 정부 제도가 앞에 열거한 여러 경제적 이익 단체들에 대해 부정적인 영향을 준 것은 없었을까? 나아가 헌법 채택을 주장하는 운동의 지도자들 가운데는 그와 같은 영향을 받은 이익 단체들의 대표자는 없었던가? 다행히도 첫 번째 질문에는 별다른 주의를 기울이지 않아도 되게 되었다. 이미 앞에서 부분적으로 그 해답을 얻었고, 일정한 수준을 갖춘 논문들은 모두, 1787년 초의 법체계는 앞에 열거된 네 개의 강력한 집단들의 재산권에 대해 호의적이지 않았다는 것을 결론적으로 주장하고 있다.

 그 제도는 간단히 다음과 같다. 연합 헌장하에 13개의 독립 주(sovereign states)로 구성된 느슨한 연합체가 있었다. 국가 정부는 각 주가 동등한 표결권을 지니는 단원제의 입법기관으로 구성되어 있었다. 거기에는 행정부도 일반 사법부도 없었다. 중앙정부는 상업을 규제하거나 직접 과세할 권리도 갖지 못했다. 그리고 이와 같은 힘의 공백으로 정부의 각 부는 무력하게 되어 있었다. 특히 공채의 원금과 이자를 갚기 위한 화폐의 조달이 불가능했다.

이와 같은 제도하에 있었기 때문에, 각 주의 입법기관들은 실제로 제한이나 사법적 통제를 받지 않았다. 말하자면, 재산의 사유권이 강제집행정지법·지폐 법정화폐법(legal tender laws)에 의해 침해받고 있었고, 모든 정책들은 채무자를 위하여 입안되었으며, 뉴잉글랜드에서는 공공연한 반란이 일어났다.

문제의 경제 집단들이 구제와 이익을 제공하는 원천으로서 새로운 국가 정부에 기대를 걸고 있었는지 하는 사실은 동시대의 수많은 소책자나 신문 기사 속에서도 발견된다. 그것은 사실 당시의 가장 중요한 문제였던 것이다. 예를 들면, 1787년 8월 29일자 필라델피아에서 발송된 편지에는 새 헌법에 의존하고 있는 이익집단들이 간결하게 요약되어 있다. "각 주들은 국가 정부가 교통망 개량(Internal Improvements)에 필요한 조치를 취해줄 것인지 여부를 알게 될 때까지는, 그들의 도로나 운하에 대한 투자가 소홀할 것이다. 무역 회사와 제조 회사 등도 자신들의 상업이 국가 정부의 상업 규제법에 의해 어느 정도 보호되고 또 장려될지를 알 때까지 항해와 제조 활동을 유보하고 있다. 합법적인 고리대금업자도 새로운 정부 구조가 자신을 지폐와 법의 저주와 공포로부터 구해줄지 여부를 알게 될 때까지 자신의 정금(正金)을 잠그고 묻어둔다… 공채 소유자는 모든 주에서의 재정적 혼란과 그들의 부분적인 자금 조달 제도들을 지탱할 능력의 완전 부재로, 자신이 지니고 있는 증서가 자신의 손에서 휴지가 될지도 모른다는 우려를 하고 있었기 때문에, 모든 정의로운 희망을 개명되고 안정된 국가 정부에 두고 있다. 어쩔 줄 몰라 하는 농민들과 억눌려 있는 소작농들은 자유를 찾아… 변경 지방으로 가기를 원하며, 자신들이 연방 국가의 힘으로 인디언들로부터 안전할지 여부를 알기 위해 기다리고 있다"[11]고 하고 있다.

다음으로 앞에 든 두 번째 질문에 대한 최종적인 해답은, '헌법 제정 운동'에 대한 철저한 분석을 아래와 같은 형식에 따라 행하지 않으면 도출되기 어려울 것이다.

1. 독립 혁명기의 경제 세력들과 특히 연합 헌장을 제정한 대륙 의회에 참석한 경제 세력들에 대한 연구.

2. 기존 체제에 대한 불만의 첫 번째 표시, 그 지리적 분포 및 그들의 경제적 바탕 등에 관한 조사.

3. 연합 헌장하의 연합 의회에서 있었던, 상업의 규제와 공채의 변제를 위한 세입을 확보할 수 있는 권한을 장

---

11) ⟨The Connecticut Courant⟩, September 10, 1787.

악하려는 몇 차례의 시도에 대한 검토.

    4. 이와 같은 시도에 있어서 가장 적극적이었던 대표자들의 경제적 이해관계에 대한 설명.

    5. 연합 의회에서 헌장의 개정에 열정적이었던 대표자들의 출신 주의 경제 세력들에 관한 설명.

    6. 1783년과 1787년 사이 재산의 사유권에 대한 몇 차례의 법적 침해의 성격과 그 분포에 관한 연구.

    7. 개정을 위한 운동에 참여했던 사람들에 대한 세밀한 연구와, 연합 의회·주 의회 내에서 활동한 사람들뿐만 아니라 주 의회 바깥에서 활동한 사람들 가운데 지도자급에 속하는 자들의 경제적 이해관계에 관한 철저한 연구.

    피상적으로라도 미국사에 관한 자료를 알고 있는 사람이라면 누구라도 즉시 위와 같은 연구를 위한 기본 사료를 획득하기 위해서 수행되어야 할 작업의 성격을 알게 될 것이다. 즉 워싱턴의 도서관에 보관된 대륙 의회의 엄청난 인쇄되지 않은 문서들을 철저히 조사해야 할 것이다. 그리고 해당 기간 동안의 주 의회의 의사록 또한 상세히 검토되어야 할 것이며, 지방 문서 보관소나 신문들 또한 검토되어야 할 것이다.

    따라서 현 상태의 우리들의 역사 자료를 통해서, 여기

서 시도할 수 있는 것이라고는 관련 주제에 관한 의회 활동 가운데 기록된 헌법 제정 운동의 외면적 측면 일부에 관한 피상적 해설에 지나지 않는다. 1787년의 제헌 회의까지 진행된 여러 사건들과 동일시되는 많은 저명인사들은 그들 스스로가 주 의회의 일원들이었고, 그들의 경제적 이익에 관해서는 아래 제5장에서 다루겠다. 그러나 제헌 회의 밖에서 구체제의 전복을 위해 애쓴 몇몇 지도자들도 역시 자신들의 노력의 결과에 직접적으로 이해관계를 표명하고 있었던 것을 발견하게 되는데 이 또한 중요하지 않다 할 수 없다.

몇몇 사례를 통하여, 개혁에의 욕구가 어떻게 조장되었는지 알 수 있게 되고, 또 정치적 소요를 주도한 지도자들과, 나중에 헌법을 기초하고 비준하는 위대한 업적을 남기게 되는 공공단체에 소속된 자들 사이의 관계도 알 수 있게 될 것이다. 전쟁이 끝나 연합 헌장이 평화 시기의 검토를 받기도 전에, 이미 자신들의 선박이 영국인들의 먹이가 되어버린 상인들은 연합 헌장하의 정부는 대서양의 통상에서 그들의 보호막을 제공하지 못하고 있다고 불평했다. 1782년 4월 많은 유명한 상인들이 연합 의회에, 영국이 미국 무역에 대해 저지르는 약탈 행위와 해양에서의 적절한 해군 보호력의 결여에 대하여 탄원하는 청원서를 제출했다.12) 이 청원서의 서명자 가운데는 후에 강력한 연방 정부를 지지하는 사람으로 알려지게 되는 인사도 몇몇 들어 있었다. 그들 가운데 한 사람인 토머스 피츠시먼스는 헌법을 기초한 제헌 회의의 일원이었다. 또 다른 사람, 존 바클리(John Barclay)는 펜실베이니아 헌법 비준 회의(convention)의 일원이었고, 새 정부 조직의 비준에 찬성표를 던진 사람이었다.

제헌 회의가 필라델피아에서 모임을 갖기 6년 전에, 연합 헌장하의 무질서한 재정 제도는 관련 당사자들의 항의의 대상이 되고 있었다. 1781년에 "펜실베이니아 주의 일부 주민들이" 연합 의회에 국가의 채권을 건전한 기반 위에 올려놓도록 어떤 대책을 세워달라고 청원했다.13) 청원서는 아래와 같이 시작된다. "우리는 매우 조심스럽지만 아래와 같이 청원합니다. 의원 여러분들이 선한 목적, 위대한 목적을 위해 지금까지 지혜를 발휘해 채권 발행을 판단했겠지만, 상상을 초월한 유례없는 가치 하락으로 말미암아 본래 증권 발행의 위대한 목적에 반한다고 판단되는

---

12) 의회 도서관 수고, 〈Papers of the Continental Congress〉(Memorial), No. 41, Vol. VI, 283쪽. Simpson, 《Eminent Philadelphians》

13) 앞의 책, No. 42, Vol. VI, 254쪽.

불공정한 대금 지불이라는 매우 괴상하고 터무니없는 불의가 저질러지는 길이 열리게 되었습니다. 우리들은 우리들의 불만이 조장된 환경 조건에 대한 비상한 인식과 여러분들의 고결한 인식력을 믿고 감히 부탁을 드리는 바, 의원 여러분들께서는 이와 같은 모든 불만에 안전하고 효율적으로 보상할 수 있는 대책을 세우라고 여러 주에 권고해 주시기를 바랍니다….” 이 청원서에 서명한 사람들 가운데는 토머스 불(Thomas Bull), 존 해넘(Hannum), 그리고 토머스 체이니(Thomas Cheyney) 등이 있었는데, 이들은 6년 후 펜실베이니아 헌법 비준 회의의 일원으로서 그들이 그렇게 진지하게 항거한 구습을 몰아내는 정부의 기구를 비준하는 데 찬성표를 던졌다.

세금의 부과를 규정하는 법을 개정하고자 하는 의회에서의 거듭된 시도가 실패하고, 의회가 노력한 연합 헌장 개정 요구에 각 주가 응하기를 거절하고, 또 주 의회의 비준이라는 정상적인 통로를 통한 목적 달성이 불가능하다는 것이 명백해지자, 위에서 이런 정책을 옹호하는 자들은 필사적이 되었다. 실험의 대상이 되었던 공화정부는 동산을 위하여 그것이 군주제하에서 누렸던 발전을 위한 기회나 보호막을 제공하지 못했다. 이와 같이 곤란에 빠진 유산 이익집단들을 대표하는 대표자들의 절망과 어떤 극적인 대책을 취할 그들의 준비 태세가 당시의 서신 가운데 분명히 나타나고 있었다.

결국 이 장의 결론은 크고 중요한 경제적 이익집단들은 연합 헌장하의 정부 체제로 불이익을 당하고 있었다는 것이다. 예를 들면, 공채 소유자·선박업과 제조업·금융 이익 등으로서, 한마디로 토지 이익과는 정반대의 입장인 자본 이익을 들 수 있다. 이 주요 이익집단들의 대표자들은 정규 합법적인 통로를 통해 연합 헌장의 개정을 이끌어 내려 시도했다. 이 개정을 통해 미래에 자신들의 권리를 보장받고자 했는데, 특히 공채 소우자들이 적극적이었다. 그러나 정상적인 수단을 통한 목표 달성이 실현되지 않자, 이 운동의 지도자들은 기존의 법체계 밖에서 혁명적인 프로그램을 채택하고자 하는 희망에서 연합 헌장의 '개정'을 위한 제헌 회의의 소집을 우회적인 방법을 통해 확보했다. 그러나 표면적으로는 연합 의회와 주 의회의 승인을 받는다는 공적인 계획도 유지되어 나갔다.

제4장 대표자 선출의 재산 자격

 표면적으로는 이같이 정상적인 절차를 통해 헌법 개정 운동을 추진했지만, 새 헌법 제정을 추진하는 운동 지도자들은 시대 상황에 따라 과감한 조치를 취할 수 있는 대표자들을 선출하기 위한 작업을 각 주 의회에서 벌이기 시작했다. 헌법 개정에는 이들 지도자들의 정력적인 노력 외에도 대중들의 무기력과 무관심, 그리고 비준권을 통하여 최종적인 통제권을 행사할 수 있다고 본 각 주 의회의 자신감이 유리하게 작용했다. 제헌 회의 개최를 어렵게 할 수 있는 특별 일반선거를 실시하자는 요구는 없었다. 지도자들이 직면한 문제는 헌법 문제 처리를 위한 대표자 파견의 타당성을 각 주 의회에게 납득시키는 정도의 비교적 간단한 것에 지나지 않았다. 당연히 변화를 가장 집요하고 관심 있게 추구하는 자들이 후보로 나설 수밖에 없었다.

 제헌 회의를 소집한 연합 헌장 의회의 결정은 대표자들은 '각 주에서 임명되어야' 한다고 규정했다. 그러나 실제적으로 언제나 대표자의 선출은, 단원제인 조지아와 펜실베이니아 두 주만을 제외하고는 모두 양원으로 구성된 주 의회에서 이루어졌다. 그것은 연방 제헌 회의에 파견된 대표자들이 현재의 헌법하에서 직선제가 채택되기 전에 실시되었던 연방 상원 의원 선출과 같은 방법으로 선출되었다는 것을 말한다. 이 사실은 그 자체가 선거권자로부터 대표자 선택권을 한 단계 빼앗아가 버렸다는 것을 의미했다.

제헌 회의 대표자의 선출에 대중의 감정이 너무 많이 반영되는 것을 막기 위한 추가적인 보호 장치는, 1787년에 효력을 발휘하기 시작한, 주 헌법 및 법률이 유권자들과 주 의회 의원들에 대해 일반적으로 규정한 재산 자격 기준으로 마련되었다.[14] 남자들에 의한 보통선거를 가로막은 이 장벽이 자산가에게 어떤 성격의 방어력을 제공했

---

14) 18세기 일반적인 선거권과 선거는, 푸어(Poore)와 스트로프(Thrope)의 잘 알려진 수집 자료들 중, 주 헌법에 관한 것을 참조할 것.

A. E. McKinley, 《The Suffrage Franchise in the Thirteen English Colonies》; Paulin, 〈The First Elections under the Constitution〉, 〈Iowa Journal of History and Politics〉, Vol. II; Jameson, 〈Did the Father Vote〉, 〈New England Magazine〉, January, 1890; Thrope, 《Constitutional History of the American People》; S. H. Miller, 〈Legal Qualifications for Office〉, 《American Historical Association Report》(1899), Vol. I; F. A. Cleveland, 《Growth of Democracy》; C. F. Bishop, 《History of Elections in the American Colonies》

는가를 분명히 하기 위해서는 그 당시 강요된 그 자격 요건들을 상세히 조사해 보는 것이 필요하다.

예를 들면, 매사추세츠에서는 매년 3파운드의 수입을 보장하는 자유 토지를 소유하고 있거나, 또는 60파운드 가치의 부동산을 소유한 모든 남자들에게 선거권을 부여했다. 상원 의원은 주 안에 적어도 300파운드 가치의 자유 토지를 자신의 권리로서 소유하고 있거나, 적어도 600파운드 가치의 동산을 소유하고 있거나, 혹은 둘 다를 합해서 600파운드에 달하는 것을 소유하고 있어야 했다. 하원의 모든 구성원은 자신이 대표하고자 하는 읍내에 100파운드 가치의 자유 토지를 자기 권리로서 소유하고 있거나, 과세 평가액 200파운드 상당의 부동산을 어떤 것이라도 소유하고 있어야 하고, 앞에 제시된 자격을 상실할 때에는 한시라도 그 읍을 대표할 수 없게 된다고 되어 있다.

남부 사우스캐롤라이나의 의회는 높은 재산 자격 요건을 요구한 1778년 헌법에 따라 선출되고 있었다. 상원 의원이 되고자 하는 자는, 자신의 구(區, district)나 군(parish)에 적어도 채무 관계가 깨끗한 통용화폐로 2000파운드 가치의 개발된 부동산 혹은 자유 토지가 자신의 등기로 되어 있어야만 자신이 거주하는 곳에서 입후보할 수 있다. 또한 부재자로서 상원 의원이 되고자 하는 자는 적어도 위에서 말한 7000파운드 가치의 부동산을 채무 관계가 깨끗한 상태로 소유하고 있어야 했다. 하원 의원의 경우 1000파운드 가치의 부동산, 노예, 그리고 동산을 소유해야 했고, 반면 부재자인 경우에는 채무 관계가 깨끗한 것으로서 적어도 3000파운드 가치의 자유 토지 부동산을 소유해야 했다. 선거권은 50에이커의 토지를 소유하고 있거나, 읍의 부지를 소유하고 있거나 혹은 50에이커의 토지에 부과되는 세금에 해당하는 세금을 납부하고 있는 자에게만 한정되었다.

결국 우리는 대부분의 주에서 선거인들에 대해 직접적인 재산 자격 요건을 두고 있고, 그 나머지 주에서도 실제적으로 세금 납세자들이 아닌 자들을 모두 제외하고 있다는 것을 알 수 있다. 뉴햄프셔·매사추세츠·뉴욕·뉴저지·메릴랜드·노스캐롤라이나·사우스캐롤라이나, 그리고 조지아 의회 의원들에게 가해진 자격 요건 속에 특별한 재산 자격의 규정이 있었다. 그리고 뉴햄프셔·매사추세츠·뉴저지·뉴욕·메릴랜드·노스캐롤라이나·사우스캐롤라이나의 경우에는 상원 의원들에 대한 자격에 더 엄한 재산 자격이 추가되어 있었다.

이 같은 자격 요건들이 다수 성인 남자의 선거 참여를 막았지만, 동산의 확산에 따라 대규모 유권자가 형성되기 시작했고, 대부분의 시골 지역에서 입법부가 넓은 대중적 근거를 갖추기 시작했다. 선거권에 대한 이와 같은 자격 요건은, 선거권의 완전한 실현을 위해 필수적인 개인 재산에 대해 보호 수단을 제공하기보다는, 오히려 선거권에 대해 가장 위험한 적대자라 할 수 있는 자들에게 선거권을 인정하는 것이 되었다. 즉 입법 활동을 통해 동산 가치를 절하시키는 계획에 가장 적극적이었던 소농민들과 많은 채무자들이 선거권을 갖게 되었던 것이다.

그러나 제헌 회의에 파견된 대표자 선출에 있어서, 입법부의 동산 대표자들은 전적으로 자신들의 지식과 경제력을 이용하여 도시 중심지 출신의 대표자들을 확보할 수 있었고 그들의 이익들과 연합하기도 했다. 그리고 그들에게는 다행스럽게도, 그들이 설득해야 했던 모든 주 의회가 전국적인 제헌 회의에 대한 대표자를 뽑는 문제로 선출되지 않았을 뿐만 아니라, 이 문제로 동요하고 있던 대중들에 의해 선출되지도 않았다.[15] 제헌 회의 소집은 1787년 2월 21일 연합 의회에서 공고되었고, 몇 달 내에 로드아일랜드만을 제외하고 모든 주 의회가 그 소집에 응했다. 이렇게

---

15) 몇몇 주들은 연합 의회가 소집을 하달하기 전에 이미 대표자들을 뽑았다. G. Bancroft, 《History of the Constitution》(1882 ed., Vol. I), 269쪽.

해서 보통 그와 같은 중요한 정치적 현안에 수반되는 열띤 대중 토론을 대체로 피할 수 있었고, 대표자 선출에 있어서 질서 있고 차분한 절차와 과정이 가능할 수 있었다.

제5장 제헌 회의 대표자들의 경제적 이해관계

 4개의 자산 집단들이 연합 헌장하의 정부 아래서 불이익을 당하고 있었고, 제도 개정을 위한 운동 뒤에 경제적 동기가 숨어 있다는 사실을 알게 되었으므로, 이제 헌법을 기초한 제헌 회의 대표자들이, 그들 각자의 재산 관계에 있어서 이들 집단 전체나 일부를 대표했는지 조사해 볼 필요가 있다. 다른 말로 하자면, 토지 기본법을 만든 사람들이 필라델피아 제헌 회의에서 자신들의 노력의 결과로 즉각적이고 직접적으로 가치의 증가나 또는 더 많은 안전성을 보장받게 될 그런 종류의 재산을 소유하고 있었는가, 이자 소득이 있었는가, 공채를 소유하고 있었는가, 가격이 상승할 서부 지역의 토지를 소유하고 있었는가, 선박업과 제조업에 이해관계가 걸려 있었는가?
 이 조사의 목적은 물론 그 헌법이 제헌 회의 대표자들의 개인적인 이익을 위해 만들어졌다는 것을 말하려는 데 있는 것이 결코 아니다. 또한 새 정부가 설립됨으로써 몇 십만 달러가 그들의 수중에 들어갔는지 따위를 발견하는 것도 중요하지 않다. 여기서 고려의 대상이 되어야 할 유일한 초점은 다음과 같다. 그들이 어떤 종류의 재산을 소유하고 있으면서 겪은 개인적인 경험을 통해 그 집단의 경제적 이익을 구체적이고 분명하게 느끼고 이해했으며, 또 이 집단을 대표하고 있었는가, 아니면 그저 추상적인 정치학적 원리에 따라 활동하고 있었는가?

불행하게도 이런 연구를 위한 자료는 매우 부족한 편인데, 그 이유는 보통 전기 작가들의 사고방식은, 자신이 대상으로 삼은 인물이 생계를 유지해 나가는 과정 따위는 무시해도 좋다는 식이었기 때문이다. 따라서 아래 내용은 실제로 이루어진 결과들을 기록한 것이라기보다는, 있었으리라 여겨지는 어떤 일들에 대한 증거를 제시하는 것이 될 것이다. 사실 이 책에서 처음으로 인용된 그 풍부한 재무성의 미공개 기록들이 없었다면, 그 제시된 증거라는 것이 극히 미미한 것에 지나지 않았을 것이다. 그리고 해밀턴 장관 시절 재무성의 주요 업무를 알 수 있게 해주는 장부 대부분이 상실되지 않았더라면, 분명히 더욱 완벽한 증거가 제시되었을 것이다. 제헌 회의에 참가한 대표자들의 이름은 알파벳 순서로 제시된다.

예를 들면, 펜실베이니아의 벤저민 프랭클린(Benjamin Franklin)은, 화가 · 외교관 · 정치가 · 철학자 등, 다양한 활동을 통해, 그리고 거기에다 절약과 투자를 통해 자신의 생전에 약 15만 달러에 달하는 상당한 재산을 축적할 수 있었다. 제헌 회의가 소집되던 즈음, 그의 전성기에는 그가 그렇게 하고 싶었다 하더라도 공채에 투자하는 것이 불가능했을 것이다. 그리고 그는 1790년에 죽었는데 그 당시는 자금 조달 제도가 실행되기 이전이었다. 그럼에도 불구하고 그는 죽기 직전에 토지 투기에 관심을 보였고, 그의 유언서에는 '오하이오 근처의 토지'와 조지아 주에서 그에게 양도한 3000에이커의 토지 상속에 관한 내용이 보인다.

미국의 새 제도를 창출한 위대한 천재, 알렉산더 해밀턴(Alexander Hamilton)의 경우를 이제 알아보자. 그가 헌법을 기초하는 과정에는 거의 참여하지 않았다는 것은 사실이지만, 그 헌법이 당시의 모든 실제 이해관계에 바탕을 둔 실제적인 하나의 도구가 될 수 있었던 것은 바로 그의 조직력에 의해서였다. 각 주로부터 지원을 얻어내어 연방제가 확고한 바탕 위에 서게 하기 위해, 이 새 정부 아래 규합되어야 할 사회집단들의 정확한 성격을 가장 날카롭게 파악하고 있었단 사람이 바로 해밀턴이었다. 그는 정부란 얄팍한 외양이나 추상적인 원리로부터 형성되는 것이 아니라고 느끼고 있었다. 그는 헌법이 어떤 명확한 목적을 완성하도록 구성되었으며, 그 운용 과정에서 사회 안의 어떤 특정 집단들이 재산권에 영향을 미치게 되어 있다는 것을 알고 있었다. 그는 이들 이해관계가 조직화 과정에서 처음에는 정돈되지 못하고 있음을 알았다. 그러나 그는 이들의 통합이라는 과제를 완수하여 그들로 하여금 연방 정부를 중심으로 뭉치게 했다.

우선 그는 가장 쉽게 뭉쳐지고 소심한 집단은 채권자·자본가·은행가·사채업자라고 보고, 또한 그들이 주로 도시에 집중되어 있어서 쉽게 함께 뭉칠 것이라 느꼈다. 그래서 그는 그들의 이익을 새 정부의 이익과 일치시켜 주면 그들을 끌어들일 수 있으리라 보았으며, 그들이 타고 있는 배를 버리지 않을 것이라 보았다. 그가 정부 내에서 항상 대중보다는 금융자산가의 이익을 대변했다는 비판은 받았지만, 이 새 제도가 시행되기 시작한 당시에 대중은 믿음성이 없었고 금융자산가들도 비현실적인 것을 위해 자신의 소득과 이익을 포기하려 하지 않았다는 사실을 기억해야 할 것이다. 또 그가 정부 발행 채권을 대중들을 위해 가장 좋은 조건으로 매입해 주지 않았다고 비난 받고 있지만, 만약 그렇게 했더라면 금융자산가들의 이익을 감소시키게 되었을 것인데, 이들의 호의는 정부의 유치에 필수적이었다고 보인다.

해밀턴이 조직될 준비가 되어 있다고 본 두 번째 집단은 보호관세를 희망하고 있던 상인들과 제조업자들이었다. 그는 헌법 제정에 앞서 몇 년 동안 재빨리 조직되고 있던 광범위한 보호 운동을 발견, 이해하고 나서 눈을 뜨게 되었다. 제조업에 관한 그의 제1차 보고서를 보면 보호 제도에 재정적 이익이 걸려 있는 집단들의 범위와 그 다양성에 대해 얼마나 민감했는지 알 수 있다. 이와 같은 것들이 전체 국민의 이익을 위한 것이었는지는 일단 여기서는 논외로 해야 할 것 같다. 해밀턴의 관계는 직접적인 수혜자와 이루어지고 있었다. 그들은 새 정부 측에 비중을 두고 있는 사람들이었다. 또 해밀턴이 뉴햄프셔에서 조지아까지 각각 독립된 지역에서 보호를 필요로 하는 이익들의 정확한 성격을 파악하려고 얼마나 애썼는가는, 모든 상업 중심의 사업가들과 주고받은 비공개 서한으로 확인된다.

해밀턴이 묶어 정리한 세 번째 이익집단은 토지 투기업자·부동산업자 등으로 구성되어 있었고, 당시의 모든 지도급 인사들, 예를 들면 워싱턴·프랭클린·로버트 모리스·제임스 윌슨(James Wilson)·윌리엄 블라운트(William Blount), 그리고 기타 저명한 사람들을 포함하고 있었다. 당시의 토지 거래는 공채와 밀접하게 관련되어 있었다. 많은 토지가 군인들이 매각한 토지 증서나 혹은 공개 시장에서 헐값으로 매매된 공채로 거래되었다. 해밀턴은 이와 같은 이익과 새 정부와의 관련성을 분명히 파악하고 있었고, 공유지에 대해서 그가 취한 정책들은 특별히 이와 같은 사업가들의 지지를 획득하도록 되어 있었다.

미국 사회 내의 이 강력한 구성 분자들의 적극적인 지원과 상호 타협이 없었다면, 새 정부는 수립되지 못했거나 아니면 유지될 수 없었을 것이다. 예리한 통찰력으로 해밀턴은 이것을 알고 있었던 것이다. 그는 그 사실을 감추려 하지 않았다. 그의 결점은 여럿 있었겠지만, 하여튼 그는 거기에 중우정치의 잘못을 범하지는 않았던 것이다. 사실 그는 공적인 문서에서는 그러지 않았지만 사적으로는 종종 대중 정치를 경멸하곤 했었다. 그의 공적인 문서상에서는 자신이 취한 정책에 관한 명쾌한 설명이 들어 있으며, 또 그 정책들이 정부의 강화와 안정에 필요하다고 여기는 이유들을 열거하고 있다.

수천 명의 소농민·채무자·노동 기술자들이 그의 정책에 반대했지만, 새 정부의 각료 회의에서 그들을 중요하게 여기게끔 하기 위해서는 필수적인 조직이나 이익의 동질성에 관한 의식이 그들에게는 없었다. 그들은 기존 법률 체계 아래서는 부분적으로 선거권이 없었을 뿐 아니라, 언급할 만한 지도자도 없었다. 권력과 영광으로 통하는 통로가 아직 자신들의 대의명분을 옹호하는 등의 활동에 있는 것이 아니었던 것이다. 연방주의자 집단에 대항해서 이질적인 작은 이익집단들을 묶는 데에는, 제퍼슨의 명민한 지도력과, 그의 지도하의 연합적인 기구 창조가 요구되고 있었던 것이다.

그러나 해밀턴이 행정부에 있을 때, 소이익집단들의 대표자들은 그의 정책을 공공의 이익과 자신들의 이익에 치명적인 해를 끼치는 정책이라고 공격하기 시작했고, 이와 같은 공격이 확대되어 해밀턴 자신이 공채 소유자와 금융자산가들의 이익을 위하여 창조한 여러 방법들을 이용하여 자신의 개인적인 재산을 증대시켰다는 비난을 받게 되었다. 그러나 이 비난은 그것이 사실이라 할지라도 해밀턴이 지닌 전문적 지식의 위대함을 깎아내리려는 의도로 이해되어서는 안 되며, 당시대에 대한 경제적 이해에 있어서의 과학적 접근법과는 관련 없는 것이기는 하지만, 적어도 검토해 볼 만한 가치는 있을 것이다.

해밀턴이 개인적으로 공채에 관심이 있었다는 소문은 재무 장관으로서 직무 초기부터 지속되었는데, 1797년에 출판된 유명한 〈레널드 팸플릿(Reynold Pamphlet)〉에서 그는 정확하게 자신에 대한 비난의 소리들을 기록해 놓았다. "나는 공채가 그것이 발행된 계약을 바탕으로 처리되어야 한다는 의견을 계속 지니고 있는데, 이 의견은 나뿐만 아니라 나를 반대한 사람들도 지니고 있는 의견이었다. 그런데 이런 의견을 지니고 있다는 이유로 나는 나 자신과 동료들의 증권 매매 이익을 증진시키기 위해 대중들의 부담을 수백만이나 방만하게 늘렸다는 악의에 찬 비난을 받아오고 있다"16)라고 했다. 관계 금융자본가 이익집단들의 지원을 확보하기 위해서 이 무거운 부담이 필요하고, 또 새 국가 제도가 실질적인 바탕 위에 확립되기 위해서는 이들의 지원이 필수 불가결이라는 사실 등에는, 해밀턴을 가장 심하게 반대한 사람들도 동의를 했지만, 그들은 장관이 공금을 사용했다는 소문을 근거로 계속 그를 공격했다.

해밀턴 자신이 개인적으로 소유하고 있던 증권으로 돈을 벌었는지는 실제 자료로 입증되지 않았다. 1792년 6월 26일 윌리엄 시턴(William Seton)에게 보낸 편지에서 "채권으로 된 내 소유 재산은 3%짜리 채권으로 800달러"라고 한 것으로 보아, 소액의 공채를 소유하기는 했던 것이 틀림없다. 어떤 연유로 이것을 소유하게 되었는지는 설명하지 않았다. 비록 1790년 8월에 제정된 법으로 시행된 채권 매입, 장기채로 전환되고 지불 연기된 6%짜리 공채가 추가된다 하더라도 그 액수는 미미한 양에 지나지 않았을 것이다.

---

16) Hamilton, 《Works》(Lodge ed.), Vol. VI, 453쪽.

해밀턴이 상당량의 금액을 공채에 투자했는지 여부는, 그 가능성이 매우 희박하다. 그는 결코 한 번도 부자가 되지 못했고, 죽었을 때는 조그마한 부동산을 남겨놓았을 뿐이었다. 비록 그가 풍요롭게 살고, 장관으로서의 쥐꼬리만 한 월급 이외에 많은 수입원을 가지고 있었다 하더라도, 유명한 변호사로서의 그의 벌이를 고려하면 그가 누렸을 그와 같은 수입원에 대한 설명은 가능할 것이다. 확실한 것은 만약 그가 자신의 재능을 사적인 사업에 사용하는 것이 적절하다고 보았다면, 그는 당대의 부자로서 죽었을 것이다. 그러나 그가 재무성에 있을 동안 운영된 채권 사업과 해밀턴이 어떤 개인적인 관계를 지니고 있었을까, 라는 질문은 여전히 가능할 것이다.

해밀턴에 대한 결론은, 그가 1787년에는 새 제도하에서 평가절상될 수도 있는 공채를 소액 지니고 있었다는 것이다. 그 밖에 그는 서부 지역에 토지를 얼마 소유하기는 했지만, 자기 개인의 자산 증대와는 전혀 무관했다. 그가 죽었을 때 남겨놓은 것이 별로 없었다는 점이 이 사실들에 대한 결정적인 증거일 것이다. 따라서 헌법이 제정되는 기간에 정부의 커다란 정책에 의해 휘둘린 것이지, 자주 그의 행동양식이었다고 여겨지는 개인적인 이익에 따라 움직였던 것은 아니라는 점이 인정되어야 할 것 같다. 그러나 여기서 언급된 추가적인 증거로 볼 때, 그의 행정부의 원칙을 지배한 것이 단순한 추상적 정치 과학은 아니었음이 분명해진다. 그는 즉각적으로 정부가 무엇으로 구성되어 있는지를 알았다.

버지니아의 제임스 매디슨(James Madison)은, 그 재산이 주로 농장들과 노예 등으로 이루어져 있는, 버지니아 구 지주 가문들 가운데 속하는 한 집안의 후손으로서, 동산은 비교적 소규모에 속하는 사람이었다. 매디슨의 아버지는 "자신의 넓은 시골 재산의 관리와 손질에 전념한 대토지 소유자였다". 매디슨은 프린스턴을 졸업하고 법률을 공부했다. 그러나 그는 자신의 변호사 업무를 그다지 좋아하지 않았다. 그는 오히려 정치를 하기 위한 준비로서, 역사·법·정치경제 등에 관해 오랜 시간 깊은 탐구를 했다. 그는 공직 생활을 계속했고, 사무실 수입과 부친의 도움을 수입원으로 하여 살았던 것 같다. 1794년까지 결혼을 늦추었기 때문에 어떤 종류의 상업적·경제적 이익보다는 오히려 정치적 야심에 매달릴 수 있었다. 그는 공채 소유자였던 것 같지는 않은데, 재무성 장부상의 제임스 매디슨 앞으로 기록된 소액의 금액은, 이름이 같은 제임스 매디슨이었던 그의 아버지 것이었던 것으로 보이기 때문이다.

공채를 전혀 소유하고 있지 않았기 때문에, 매디슨은 후에 해밀턴이 제안한 자금 조달 제도를 보다 공정한 입장에서 볼 수 있었다. 그리고 새 정부 수립에 이어 나타난 투기업자들과 정치가들의 아귀다툼은 다른 어떤 것 이상으로 행정부에 혐오감을 느끼게 했고 그로 하여금 그에 반대하도록 했다. 1791년 7월에 제퍼슨에게 쓴 편지 중에 그는 "미국 은행에 대한 출자는 결과적으로 너무나 많은 공공연한 횡령을 목표로 한 아귀다툼에 지나지 않습니다. 그리고 그와 같은 일들은, 개인적인 엽관제(spoils system)에 의해 가득 찬 그런 자들에 의해 전개될 것입니다… 여기에는 공채의 국내 소유 비율, 그것을 소유한 사람들의 종류, 그리고 미국민들을 지배할 사람들 등이 분명하게 나타납니다. 이 사업을 둘러싼 각종의 부도덕한 요인들 가운데 가장 보기에 역겨운 것은 매우 적극적으로, 그리고 공공연하게 이 일에 종사하며 그 이윤을 쫓고 있는 의원들을 보는 것입니다. 만약 뉴욕 출자자들의 힘이 작용할 수 있다면, 슐러(V. R. Schuyler)가 미국 은행의 총재 자리에 올라야 할 것입니다. 여기서는 말할 만한 새로운 소식은 없습니다. 사실, 증권 거래가 모든 다른 문제들을 덮고 있고, 그 찻집은 도박꾼들로 붐비고 있습니다"라고 주장했다.

버지니아 주의 조지 워싱턴(George Washington)은 당시 미국에서 가장 부자였을 것이며, 그의 재정적 능력은 이 나라의 어느 누구보다 뛰어났다. 그는 포토맥의 거대한 부동산 이외에도, 신중하게 서부의 토지에 투자한 많은 양의 유동성 자금도 소유하고 있었다. 그는 이 토지에 대한 투자에서, 안정된 정부의 수립과 변경의 서진(西進)에 따라 커다란 가격 상승을 기대하고 있었다.

그의 경제적 관심을 입증하는 가장 좋은 방법은 1799년에 작성된 그의 유언에 명시된 재산의 규모에 관한 자료를 제시하는 것이라 할 수 있다. 그는 버지니아 주 오하이오와 그레이트 켄하와(Great Kenhawa) 지역에 20만 달러 가치에 달하는 거대한 농지 3만 5000에이커 이상을 소유하고 있었고, 메릴랜드에는 9828달러 가치의 1119에이커의 토지, 펜실베이니아에 1404달러 가격의 토지 234에이커, 뉴욕에 6000달러 가치의 토지 1000에이커, 북서부 준주(準州, Territory)에 1만 5255달러 가치의 3051에이커, 켄터키에 1만 달러 가치의 5000에이커, 워싱턴에 1만 9132달러 가치의 부동산, 알렉산드리아(Alexandria)에 4000달러, 윈체스터(Winchester)에 400달러, 배스(Bath)에 800달러 가치의 부동산 등을 소유하고 있었다. 그는 또 6246달러어치의 미합중국 공채를 소유하고 있었는데, 이에 대해 그는 "이들은 내가 실제로 장기채 전환을 했던 금액이다. 총액에서 7566달러 정도밖에 되지 않지만 내가 적어도 버지니아 화폐로 1만 파운드를 부담했었다. 그것은 공채로 보증된 것과 나에게 지불되어야 할 빚으로 구성되어 있었으나, 화폐의 가치가 그렇게 하락되어 있던 전쟁기간 동안에 변제되었다. 그리고 그것도 공적인 당국에 의해서 그렇게 결정되었다"라고 하고 있다.

그는 버지니아 주에서 그에게 기증했던 포토맥 회사(Potomac Company) 주식 1만 666달러어치를 소유하고 있었으며(그는 그것을 국립대학 설립을 위해 남겨놓았다), 500달러 가치의 제임스 리버 회사(James River Company), 6800달러 가치의 컬럼비아 은행(The Bank of Columbia) 주식, 1000달러 가치의 알렉산드리아 은행(The Bank of Alexandria) 주식 등을 소유하고 있었다. 그 자신의 노예들은 그의 아내가 죽을 때 해방되도록 되어 있었다. 그는 자신의 가축들을 가치가 1만 5653달러에 달할 것이라 평가했다. 결국 적게 잡아도 총 53만 달러에 이르는 재산이었다.

워싱턴은 또한 상당한 금액을 빌려주곤 했는데, 버지니아 의회의 지폐법 실시로 손해를 입기도 했다. 그는 "채무 보증과 저당 잡은 금액이 거의 1만 파운드에 달했는데 때로는 6분의 2로 평가절하된 지폐로 변제받았다. 그리고 그가 연방 제헌 회의에 참여하고 있을 때, 자신의 농장에서 나는 생산물을 팔지 못해서 2년분의 세금을 체납하고 있다"고 했다.

만약 당시 누군가가 연합의 무능함에 진저리를 내고 있었다면, 바로 그 사람이 워싱턴이었다. 그는 인생의 최전성기를 독립 전쟁에 바쳤고, 그리고 위대한 봉사에 대한 보답을 모두 거절했다. 그는 6만 4355달러 30센트에 달하는 개인적인 지출에 대해 계속 평가절하되고 있는 증서로 지불받았다. 오토(M. Otto)는 1787년 2월 10일 버진스(Vergennes)에게 보낸 편지에서 워싱턴이 입은 손실에 대해 이야기했다. "저는 지금 저의 앞에 이 존경받을 사람의 편지를 놓고 있습니다. 그는 이 편지에서 그에게 지불되어야 할 미납금을 지불하기 위해서 의회가 자신에게 보냈던 채권들을 20:1의 비율로 팔아야 하게 되어 있다고 불평하고 있습니다"[17]라고 하고 있다.

제헌 회의 대표자들의 경제적 이익에 대한 조사는 다음과 같은 몇 가지 결론을 제시할 수 있다. 다수의 대표자들이 직업에 있어서는 법률가였다. 대부분의 대표자들이 해안 혹은 해안 인근의 도시 출신이었다. 이는 다시 말하

---

17) Bancroft, 《History of the Constitution》(1882 ed., Vol. II), 411쪽.

면, 동산이 크게 집중되어 있던 지역 출신이라는 것을 말한다. 어느 한 대표자도, 개인의 직접적인 경제적 이익에 있어서, 소농이나 직공 계층을 대변하지 않고 있다. 압도적 다수가, 적어도 6분의 5가 즉각적이고 직접적이며 개인적으로 필라델피아에서의 자신들의 노력의 결과에 관심을 갖고 있었고, 많든 적든 헌법 채택의 경제적 수익자들이었다.

1. 공채를 둘러싼 이익이 제헌 회의에서 폭넓게 대변되었다. 참석한 55명의 대표자 가운데 40명이 재무성 기록에 적게는 몇 달러에서 많게는 10만 달러 이상의 금액을 투자한 것으로 나타나고 있다. 소액 소유자 가운데는 바세트·블라운트·브리얼리·브룸·버틀러·캐럴·퓨·해밀턴·마틴·메이슨·머서·미프린·리드·스파이트·윌슨, 그리고 위드 등이 속했고, 다액 소유자(5000달러 이상 소유를 기준으로)에는 볼드윈·블레어·클라이머·데이턴·엘스워스·피츠시먼스·길먼·게리·고함·제니퍼·존슨·킹·랭던·랜싱·리빙스턴·매클루그·R. 모리스·C. C. 핑크니·C. 핑크니·랜돌프·셔먼·스트롱·워싱턴, 그리고 윌리엄슨 등이 속했다.

뉴욕이나 아마도 델라웨어를 제외하고 각 주는, 제헌

회의에 무시할 만한 양 이상의 공채를 소유하고 있는, 그러면서 새 헌법에서 공채의 완전한 정리를 위한 문제에 동정과 확신을 가지고 언급할 수 있는, 유명한 대표자들을 한 사람 이상 보내고 있었다는 것이 흥미롭다.

뉴햄프셔의 랭던과 길먼.
매사추세츠의 게리 · 스트롱 · 킹.
코네티컷의 엘스워스 · 셔먼, 그리고 존슨.
뉴욕의 해밀턴, 비록 그는 개인적으로는 많은 양을 소유하고 있지 않았지만, 공채 소유자들과의 공신력 유지를 위한 특별한 변호인이었다.
뉴저지의 데이턴.
펜실베이니아의 로버트 모리스 · 클라이머 · 피츠시먼스.
메릴랜드의 머서와 캐럴.
버지니아의 블래어 · 매클루그, 그리고 랜돌프.
노스캐롤라이나의 윌리엄슨.
사우스캐롤라이나의 두 명의 핑크니.
조지아의 퓨와 볼드윈.

2. 투기용으로 토지에 투자된 동산은 적어도 14명의 구

성원들에 의해 대표되었다. 블라운트·데이턴·퓨·피츠시먼스·프랭클린·길먼·게리·고함·해밀턴·매이슨·R. 모리스·워싱턴·윌리엄슨, 그리고 윌슨이었다.

3. 이자를 받고 빌려준 동산은 적어도 24명의 대표자들이 그것을 대변했다. 바세트·브룸·버틀러·캐럴·클라이머·데이비·디킨슨·엘스워스·퓨·피츠시먼스·프랭클린·길먼·잉거솔·존슨·킹·랭던·매이슨·맥헨리·C. C. 핑크니·C. 핑크니·랜돌프·리드·워싱턴, 그리고 윌리엄슨 등이다.

상업·제조업·선박업에 투자된 동산은 적어도 11명의 대표자들에 의해 대변되었다. 브룸·클라이머·엘스워스·피츠시먼스·게리·킹·랭던·맥헨리·미프린·G. 모리스, 그리고 R. 모리스였다.

5. 노예 소유의 동산은 적어도 15명의 대표자들에 의해 대변되었다. 버틀러·데이비·제니퍼·A. 마틴·L. 마틴·메이슨·머서·C. C. 핑크니·C. 핑크니·랜돌프·리드·러틀리지·스파이트·워싱턴, 그리고 위드였다.

따라서 제헌 회의 대표자들은 '이해관계가 없었다'라고 할 수는 없다. 그 반대로, 그들이 경제적인 문제에 있어서의 개인적인 경험을 통해, 그들이 세우려는 새 정부가 이

록할 정확한 결과가 무엇인지 알고 있었다는, 매우 의미심장한 결론을 수용하지 않으면 안 되게 되었다. 1848년 프랑크푸르트 회의(Frankfurt assembly, 5월 18일에 독일 헌법 제정을 위해 모인 회의)처럼 순수하게 이론가들의 집단이었다면, 그들은 처참하게 실패했을 것이다. 그렇지 않고 실제적인 사람들이었기 때문에, 그들은 안정될 수 있는 유일한 바탕, 즉 기본적인 경제적 이해관계에 바탕을 둔 새 정부를 세울 수 있었다.

제6장 경제적 문서로서의 헌법

　법학자들의 서술만을 읽어온 피상적인 헌법학도로서는 헌법을 경제적인 기록으로서 이해하는 것이 어려울 것이다. 이 헌법에는 유권자나 혹은 공직자에 대한 재산 자격이 규정되어 있지 않고, 사회 내의 어떤 경제 단체도 표면적으로는 인정하고 있지 않으며, 또 어떤 특정 계층에게 특별한 특권을 부여하도록 하는 규정도 없다. 또 1791년 프랑스 혁명을 통해서 울려 퍼졌던 그와 같은 감정도 표출되어 있지 않고, 그 언어는 차갑고 격식을 갖추고 있으며 냉혹하다.

　미국 헌법의 진실한 내면성은, 단순한 법률의 명제로서 그 조항들을 보아서는 겉으로 드러나지 않는다. 오히려 당시의 방대한 편지 글들을 오랜 기간에 걸쳐 조심스럽게 검토해 봄으로써,[18] 또 당시의 신문이나 팸플릿, 필라

---

[18] 당시의 저명인사들의 많은 양의 편지와 서류가 출판되었다. 그럼에도 불구하고 많은 양이 여전히 초고의 형태로 남아 있다. 다행히도 워싱턴, 해밀턴, 매디슨, 그리고 다른 저명인사들의 중요한 문서들이 의회 도서관에 소장되어 있다. 그들도 물론 완전한 형태로는 아니지만 말이다.

델피아 제헌 회의 석상에서의 논쟁 기록 및 각 주 제헌 회의에서의 논쟁 기록, 특별히 헌법 비준을 위한 투쟁 기간 동안 넓게 유포되었던 《연방주의론》이라는 책자 등에 대해 검토해 봄으로써만 이해될 수 있을 것이다. 편지 내용들을 보면 헌법이 치유하고자 하는 바, 정확한 악의 성격이 무엇인지를 알 수 있고, 필라델피아 제헌 회의의 진행 기록을 보면 여러 경제 이익의 압력하에 정부 골격을 세우는 연차적인 단계들을 알 수 있고, 또 신문과 팸플릿에는 헌법 비준에 반대한 사람들의 생각들이 실려 있다. 또 《연방주의론》은 당시 심오한 사상가였던 해밀턴·매디슨, 그리고 제이 등, 이 세 사람이 생각했던 새 제도의 정치학을 제시하고 있다.

    그러나 헌법의 경제적 속성에 관한 자로로서 이들 가운데 가장 중요한 것은 의심할 필요도 없이 비록 단편적으로 전해오고 있기는 하지만 제헌 회의 석상의 논쟁에 대한 기록일 것이다. 필라델피아에서의 그 심각한 모임을 통해 창출된 정부 기관에 관한 조항들 몇몇 가운데 반영되어 있는 물질적인 영향력들을 철저히 조사하면, 그 진행 과정의 역사가 그 속에 나타난 커다란 이익집단들과의 관점하에서 다시 쓰여야 할지도 모른다.[19] 그러나 그와 같은 조사 결과를 제시하기에는 이 책 전체를 할애해도 충분치 못할 것이며, 따라서 여기서는 그와 같은 작업을 수행할 수 없다.

반면 《연방주의론》은 새 정부에 관한 정치학적 설명에 가장 적합한 사람들에 의한 헌법의 경제적 해석을 비교적 간단하고 체계적인 형태로 제시하고 있다. 해밀턴·매디슨·제이 등의 주장들이 사실상 현재 언어 형태로 존재하는 정치에 관한 경제적 해석 가운데 가장 훌륭한 연구라 할 수 있을 것이다. 따라서 이 헌법을 경제적 문서로서 이해하고자 하는 사람들로서는 이것의 범위를 거의 넘어설 필요가 없을 정도다. 위의 저작들의 어조가, 그들이 헌법을 비준하기 위해 유권자들에게 호소하고 있었다는 사실 때문에 다소 수정되어 있는 것은 사실이다. 그러나 동시에 그들은 환경적 이유로 안정과 힘이 새 제도의 채택에 들어 있다는 사실을 큰 경제 단체들에게 확신시키지 않으면 안 되기도 했다.

---

19) 이런 관점에서 보면, 필라델피아에서의 투쟁에 관한 옛 관점인, 정치적 실체로서의 큰 주들과 작은 주들 간의 경쟁이라는 것은 크게 수정되어야만 한다. 소위 헌법에 대한 타협론은 패런드(Farrand) 교수의 《Report of the American Historical Association》(1903, Vol. I), 73쪽 이하와 그 보고서에 있는 뛰어난 논문인 J. C. Welling, 〈State's Rights Conflict over the Public Lands〉(1888), 184쪽 이하를 보라.

사실 그 글에 실린 근본적인 호소의 대상은 모두 물질적이고 실질적인 이익에 대해서였다. 때로는 사람들에게 침략군과 유럽의 제휴로부터 보호받기 위해서, 라는 이름으로 호소했고, 때로는 연합의 어리석은 정책들 때문에 사업이 타격을 받았을 상인 계층들을 대상으로 호소했다. 한편으로는 지폐와 일반적인 농민들의 공격으로부터의 구원을 찾고 있었던 채권자들을 향하고 있고, 또 한편으로는 거의 가치가 0(영)에 가깝게 하락하고 있는 연방 공채를 소유하고 있는 사람들에게 호소하고 있다. 그러나 무엇보다도 그것은 수평적인 민주주의를 요구하는 세력의 공격에 대항해서 그것을 거절할 수 있는 길을 찾고 싶어 하는 동산 소유자들에 대한 호소였다. 《연방주의론》의 저자들은 헌법 비준에 찬성하는 매우 설득력 있는 주장들을 펼치고 있다. 정부의 새 골격에 대한 세부 사항에 있어서 많은 논의가 있었다는 것은 사실이고, 그의 개혁가 친구들 가운데도 이의를 제기하는 사람이 있었다. 그러나 매디슨·해밀턴 둘 다 기본 구조가 그 근간으로 삼는 건전한 바탕과 비교했을 때 부수적인 사건들에 지나지 않는다는 것을 알고 있었다.

이 훌륭한 작품들을 정치경제에 대한 한 연구로서 읽을 때 명심할 점은, 저자들이 묘사하고 있는 그 제도가 두 개의 기본적인 부분들, 긍정적인 측면과 부정적인 측면으로 구성되어 있다는 점일 것이다.

1. 어떤 긍정적인 힘이 부여되었지만, 다수가 지배하는 권력을 파괴하고 소수의 재산권에 대한 침해를 방지하도록 짜인 정부.
2. 자본에 대한 공격에 매우 활발했던 주 의회에 대한 제한.

어떤 환경 아래에서는 행동이 지배 집단의 즉각적인 이익이 되는데, 정부의 기능을 통해 경제적 이득을 얻으려 할 경우, 그 집단은 물론 필요한 권한이 부여된 제도를 갖추고 있어야 한다.

그 한 예가 '온정주의적' 입법 활동을 통한 보호관세 · 선박 보조금 지급 · 철도 토지 불하, 강 및 항구의 개발(River & Harbor Improvements) 등일 것이다. '일반 선(善)'이란 것이 어떤 특정한 법의 명목상의 목적이라는 사실을 물론 보여주기도 할 것이다. 그러나 '일반 선'은 수동적인 힘으로서 우리가 그 이름 아래서 이득을 얻는 개인들이 누구인지를 알지 못할 경우, 아무 의미도 없는 것이다. 그것이 이렇게 분석되면, 그것의 직 · 간접 수혜자가 밝혀지게 된다. 그리고 그 가운데도 직접 수혜자는 보통 그 법을 확정짓는 데 동적인 요소였다는 것이 밝혀지곤 한다. 그 한 예로서 워싱턴에서의 관세에 관한 공청회에 나타났던 그 옹호자들의 경제적 이익을 들어볼 수 있다.

그 반대로 주요 이익들은 정부의 긍정적인 원조로부터 만큼이나 자주 정부 행동의 방해를 통해서도 얻어진다. 그들은 법이 정한 보호의 범위 내에서는 혼자 남겨지더라도 그들 스스로를 보호할 수 있다. 사실 대부분의 자산가들은 자신들에게 유일한 입법 활동을 보장할 수 없을까 두려워하는 만큼 적극적인 정부의 활동도 두려워한다. 특히 이와 같은 사실은 사유재산의 영역이 이미 확대되어 실제적으로 모든 형태의 유무형의 부를 지배하고 있는 그런 곳에서는 더욱 그러하다.

정부의 구조, 즉 세력 균형

매디슨이 진술한 기본적인 정치경제론이 《연방주의론》의 적어도 4개 번호에서 공식화되어 아래 요소들로 구성된 세력 균형이라는 독창적인 미국적 개념의 바탕이 되었다.

먼저 정부 각 부서들에 대한 문서상의 분류만으로 정부가 운영되지 않는다. 국민들에 대한 빈번한 호소 이외에 정부 내에 권력의 남용을 막는 확실한 방법이 준비되어야 한다. 그렇다면 정부에 대한 고삐를 늦추지 않기 위해서는 무엇에 의지해야 할까? 외부로부터의 통제만으로는 불충분한 것으로 판명되었으므로, 정부는 각 기관들로 하여금 상호 견제케 하여 각자 그 고유의 위치를 지키도록 정부의 내적 구조를 조직함으로써 그 결함을 시정해야 한다.

필라델피아에서 마련된 정부 조직 안에는 이들 몇몇 이해관계가 반영되어 있고, 소수에 대한 다수의 위험 가능성도 거의 없게 되어 있다. 이들 다양한 이익들 모두가 헌법 제정의 개정 과정에서 등장하지만 그들은 다수에 대항해서 대항력이 더욱 강화되었다. 헌법의 개정은 개원된 상·하 양원에서 모두 3분의 2 이상의 찬성과 연방 전체 주의 4분의 3 이상의 비준을 받아야 한다. 이 제도의 경제상의 귀결점은, 자산이익은 자신이 지닌 힘과 기능의 우월성을 이용하여 필요할 때면 언제나 유리한 입법을 보장받게 될 것이며, 동시에 의회 내의 다수에 의한 통제로부터 면제받게 될 것이라는 것이다.

연방 정부에게 부여된 권한

첫째, 정부에게 부여된 능동적인 활동을 위한 권한은 아주 적었다. 그러나 그것들은 기안자들의 의도를 충족시키기에는 충분한 것이었다. 먼저 세금을 부과하고 받아들이는 권한이 있었다. 그러나 여기에 직접세는, 노예는 5분의 3으로 계산하며 인구의 수에 따라 각 주에 배분되어야 한다는 조항이 들어 있어서, 농촌 지역의 이익을 적절히 반영해 주었다. 당시 저명한 사람들의 의견에 따르면, 이 법안은 제조업을 주로 하는 주의 인구가 세 부담을 인구가 드문 농업 지역으로 전가시키는 것을 막기 위해 고안된 것이었다.

둘째, 의회는 내외의 적으로부터 국가를 방어하기 위해 육군 및 해군을 모집하고 지원할 수 있는 전권을 부여받았다. 이 군대들은 국가 법률이 정하는 바에 따라 대통령의 통수를 받게 되어 있었다. 그리고 셰이(Shay)의 농민들과 같은 '절망적인 채무자'들의 새로운 국가 전복 기도로부터 주를 보호하기 위해 미국은 모든 주에게 공화주의적 형태의 정부를 보장해 주고 적절한 당국의 요청이 있으면 그 내부의 혼란을 진압하는 도움을 주겠다고 약속했다.

셋째, 세금을 부과하고 거두어들이며 육지와 바다에서 군대를 만들고 유지할 수 있는 권한 이외에, 헌법은 연방의회에 국제무역 및 주 사이의 무역에 관한 절대적인 통제권을 부여하고 있고, 그리하여 연방의회로 하여금 미국의 이익을 위해 보호적이고 차등적인 법률들을 제정하도록 힘을 부여했고, 또 아메리카 제국 전체에서의 자유무역을 위한 커다란 진전을 이루게 했다. 단 한 조항에 이와 같은 도시와 젊은 제조업 중심지에서 볼 수 있는 경제 세력들의 강력한 맥동(脈動)이 반영되어 있는 것이다.

넷째, 또 다른 커다란 경제상의 반목은 준주 지역(準州地域)의 문제를 처리하고 그들의 정부를 위한 규칙과 규정을 제정해 주며 또 미국 내의 편입을 승인해 주는 권한을 연방의회에게 부여하고 있는 구절에서도 발견되고 있다. 이 경쟁에서 준주 지역을 포함하고 있는 각 주의 이해가 두드러지게 전면으로 등장했다. 그리고 이 문제에 관해 헌법에 사용된 언어가 명료하지 못한데, 그것은 경쟁자들, 즉 관련 주에서 정확한 결론을 내릴 수가 없었기 때문이었을 것이다.[20] 지도자들은 새 정부가 안전하게 시작된 후 토지 문제의 적절한 처리를 시도해 보려 했다. 그리고 자신들의 미래의 정치적 역량에 대한 평가에 있어서 그들은 정확하기도 했다.

---

20) J. C. Willing, 〈State's Rights Conflict over the Public Lands〉, 《Report of the American Historical Association》(1888), 174쪽 이하.

주 의회에 대한 제한

의회에게 부여된 조세 부과·군대 양성·상업 규제 등에 대한 실재적 권한만큼이나 동산 자산에게 중요한 것은 각 주에 대한 제한 조치들이었다.[21] 실제로 우리는, 헌법을 창조한 여러 힘들 가운데 전지전능한 입법기관들로부터의 보호를 강구하고 있는 그들 재산 이익들이 가장 적극적이라는 말을 입증할, 매디슨의 신빙성 높은 근거가 있다.

국제 정치상에 내포된 경제적 의미

《연방주의론》의 저자들은 그들 국내 정치제도의 밑바탕에 있는 경제적 반목(충돌)이라는 개념을 국제정치적 영역으로 확대시켰다. 근대의 전쟁은 주로 상업적 적대 관계에서 발생된다. 그러나 물론 왕 개인의 야망이 국제적 충돌의 원인이 되는 경우가 없지 않다는 것은 사실이나 해밀턴은 다음과 같이 묻고 있다. "지금까지 상업이 전쟁

---

21) 물론 헌법에 명기된 것처럼 연방의회에 대한 제한 조치들이 분명히 있다. 그러나 연방 입법부의 권력들은 한계가 있고 그들에 대한 제한 조치들이 그렇게 중요한 것은 아니다. 연방 입법부의 양원에 대한 과도한 조치는 정부의 구조 그 자체에서 이미 예견할 수 있었다. 그러나 주 의회 안에서 재산권에 대한 다수 민중의 공격에 대항하기 위해 특별한 단서 조항을 만들 필요가 있는 것이다.

의 목적을 바꾸는 이상의 어떤 것을 행한 적이 있는가? 부에 대한 집착 또한, 권력이나 명예에 대한 집착만큼이나 지배적이고 적극적인 열정이었던 것은 아닌가? 상업이 국가의 지배적인 체제가 된 이후 또는 이전에 영토욕이나 지배욕으로 인해 야기되었던 만큼의 많은 전쟁이 상업적 동기로 인해 발생했던 것이 아닐까? 많은 경우에 있어서 상업 정신이 영토욕이나 지배욕에 대한 새로운 자극을 제공했던 것은 아닐까?"22) 이에 대한 답은 역사가 제공해 줄 것이다. 상업 공화국 카르타고는 자신의 파멸로 끝난 전쟁에서 공격자였다. 네덜란드와 영국의 격렬한 경쟁은 제해권을 둘러싼 전쟁이었다. 여러 세기에 걸쳐서 상업은 영국이 절대적으로 추구해 온 것이었고, 영국은 끊임없이 전쟁을 치러왔다. 심지어 합스부르크와 부르봉 왕조 사이의 전쟁도 크게 보면 상업적 이유 때문에 발생한 것이었다.

상업적 이익을 위한 이 세계적 범위의, 그리고 한 세기에 걸친 전쟁에서, 미국은 무저항주의자인 한가로운 방관자로 남을 것이라 기대할 수는 없다. 평화주의적 관념들이 미국의 정책을 지배한다 하더라도, 미국은 야망이 큰

---

22) 《The Federalist》, No. 6.

경쟁자들의 의구심을 극복할 수 없는 것이다. 따라서 결합 속에 침략을 막을 힘이 있고 공격적인 활동을 가능케 하는 힘이 있는 것이다. 게다가 미국은, 자신이 행할 수 있는 힘의 과시를 통해 논쟁을 우호적으로 해결할 수 있게 될 것이다.

대외 전쟁의 물질적 원인으로부터 관심을 돌려 《연방주의론》의 저자들은, 독립된 주권국가로 간주되는 각 주들 사이의 내적 불화로 인해 야기될 가능성이 있는 위험 원인들을 검토하고 있다. 그런데 그와 같은 내부적 불협화음은 어떻게 발생하는 것인가? 북부가 강하게 되어 남부를 유린하려는 유혹을 받을 수도 있을 것이다. 또한 미 연방 대신에 몇 개의 연합체를 둘 경우, 외국들은 불화의 사과를 주들 사이에 던져놓을 수도 있을 것이다. 그리고 정치적 밀착도 또한 커다란 경제 압력의 법칙을 따르게 되어 있다. 그리고 만약에 여러 외국들 사이에 전쟁이 발발하게 되면, 미국의 그들 연합체들도 그 충돌 속으로 끌려들게 마련이다. 이렇게 되면 내부적 불협화음이, 각 주들의 외국들과의 물질적 관계를 통해서, 간접적으로 주 사이에 일어나게 되는 것이다.

그것보다는 각 주 안에서 주된 역할을 하는 대의명분 때문에 동족상잔의 전쟁이 일어날 가능성이 더욱 크다.

그러면 이와 같은 충돌의 실제 원인은 무엇일까, 라고 해밀턴은 또 묻고 있다. 그것들은 많다. 예를 들면 권력욕과 지배욕, 평등과 안전에 대한 갈망, 지도자의 야망 등을 들 수 있다. 그는 덧붙여서, "일시적인 열정과 당장의 이익 등이 정책·유용성·정의 등에 대한 보편적이고 장기적인 안목에서의 심사숙고보다 인간의 행동을 더 실제로 강력하게 통제하고 있다는 사실이 변함없이 발견되고 있는 것은 아닐까? 지금까지 상업이 전쟁의 목적을 바꾸는 이상의 어떤 것을 행했던가? 부에 대한 욕망이 권력욕이나 명예욕만큼이나 지배적이고 적극적인 열정인 것은 아닐까? 상업이 국가의 지배적인 체제가 된 이래로 과거 영토욕이나 지배욕으로 인해 발생했던 전쟁만큼이나 많은 전쟁이 상업적 동기에 바탕을 두고 있는 것은 아닐까?"라고 하고 있다.

물론《연방주의론》의 저자들과 같은 예리한 관찰자들은 군주의 개인적인 야망이 전쟁의 원인이 되기도 했다는 것과 지도력에 대한 사람들의 갈망이 대내 반란의 원인이 되기도 했다는 사실을 빼놓지 않고 언급하고 있다. 그러나 그들은 재빨리 그들 특정 가문의 세력 확장이나 유지 등과 같은 것들이 군주로 하여금 정복 전쟁에 나서게 한 동기 중의 하나가 되었다고 덧붙이고 있다. 그리고 국내 반란의 개인적인 요인에 관해서 해밀턴은, "만일 셰이들이 절망적인 채무자가 아니었다면" 매사추세츠인들이 내란으로 휘말려들었을지는 의심스럽다고 말하고 있다.

해밀턴은 개인적 요인으로서의 경제적 동기라는 영역으로 관심을 돌려, 충분한 권한이 부여된 보다 굳건한 연합체가 확립되지 않을 경우 주 사이에 일어날 수 있는 보다 그럴듯한 전쟁의 원인을 조사, 제시하고 있다. 그는 그것들을 다음과 같이 열거하고 있다.[23]

첫째, 영토 분쟁이 언제나 국가들 간 적대 관계의 가장 중요한 원인이 되었다는 사실이 드러나고 있다. 몇몇 주는 서부 변경 지역에 관심을 지니고 있는데, 과거의 사실로부터 미래를 추리해 보면, 그들 불화의 조정자로서 칼에 호소할 경우도 있을 것이라고 생각할 만한 많은 근거들을 우리는 찾을 수 있다. 둘째, 상업상의 경쟁 관계는 또 다른 풍부한 전쟁 원인이었다. 모든 주는 자기 자신에 이익이 되는 정책을 추구할 것이고, 진취적 기상이 미국 상업 부문의 특징이기 때문에, 무엇인가 개선 없이 머물러 있는 모습은 있을 수 없는 것이다. 이 자유로운 정신이 몇몇 특정 주가 자신의 시민들에게 배타적인 이익을 보장해 주려

---

23) 앞의 책, No. 7.

고 하고 있는지도 모르는 그와 같은 무역 규제를 크게 존중해 줄 것이라고는 전혀 예상되지 않는다. 이렇게 되면 경제적 동기가 주 상호 간의 예의나 혹은 국제법 등에 대한 모든 고려에 우선하게 될 것이다.

셋째, 미국의 공채는 개별 주 사이 혹은 연합체 사이의 추가적인 충돌의 원인이 될 것이다. 어떤 주는 채권의 변제를 거부할 것인데, 그 이유는 그들이 국채의 중요성을 덜 인식하고 있든지 혹은 그 주의 시민이 공채 문제와는 직접적이고 단기적인 이해관계가 없기 때문이다. 그러나 전체 국채 중에서 그 주가 차지하는 비율 이상의 많은 공채 소유자가 있는 주들은 어떤 타당하고 효율적인 대책을 줄기차게 요구할 것이다. 다른 말로 표현하면 위험할 것이 없는 시민들은 무관심할 것이고, 무엇인가 잃게 된 사람들은 시끄럽게 요구할 것이다. 외국 세력들 또한 개입하게 될 것이고, 외부 침입과 내적 갈등이라는 이중의 사건에 직면하는 위험을 무릅쓰게 될 것이다.

넷째, 사적인 계약을 파괴하는 법들은, 시민들이 그 법으로 피해를 입는 그런 주의 입장에서는 주의 권리를 침해하는 것이 되기 때문에, 또 다른 적대 관계의 원인이 될 수 있을 것이다. 보다 상위의 어떤 권위에 의해 제한되지 않을 경우 주 의회들이 재산상 개인의 권리를 침해할 것이라는 사실을 보여주는 증거가 충분히 있고, 또 보복의 기운도 있다. 당연히 다른 환경하의 비슷한 경우에 문서상이 아닌 점에 의한 전쟁이 그와 같은 부도덕한 도덕적 의무의 불이행과 사회정의의 위반을 징벌하게 될 것이라는 추론을 내리게 된다고 주장하고 있다.

결국 이들이 굳건한 연방으로 결합되지 않을 경우 각 주 사이에 있을 수 있는 가능한 충동의 주요 원인들은 네 가지다. 다시 말하면 영토·상업·공채, 그리고 재산상의 계약 위반 등으로서, 모두 상상할 수 있는 지극히 경제적인 요인들이었다. 헌법에 대한 경제적 해석의 이론을 그 세밀한 부분까지 관철시키려면, 이 책에서 취급한 범위가 완벽하게 남아 있는 그와 같은 기념비적인 기록집이 있어야만 할 것이다. 그러나 헌법을, 집단 이익이 반영되지 않고 어떤 경제적 대립 관계로 인식되지 않은 추상적 입법 행위라 보는 관념이, 완전히 허구였다는 사실을 보여주기에는 충분했다. 그것은 자신들의 이익이 당장 위태로웠던 사람들에 의한 고도의 수법이 구사된 경제적 기록이었으며, 또 대체적으로 나라 안의 동일한 이익 단체들에게 직접적이고 정확하게 작용했다.

제7장 제헌 회의 구성원들의 정치적 신조

 모든 기록들 가운데 가장 중요한 것인 《연방주의론》의 관점에서 헌법에 내포된 경제적 의미를 검토해 보았는데, 여기서는 제헌 회의 구성원들이 대체적으로 헌법의 정치학에 관해 실제적인 동일한 의견을 지니고 있었는지 조사해 보는 것도 재미있는 일일 것이다. 이와 같은 조사에는 몇 가지 어려움이 있다. 모든 대표자들이, 그리고 그 가운데 영향력이 큰 사람들 모두가 웅변가였거나 작가였거나 혹은 철학자였던 것은 아니었다. 극히 실제적인 인물이었던 그들은 가시적인 결과에 관심이 있었지, 정치학자들처럼 그들 활동의 세세한 부분까지 들여다보려는 것이 아니었다. 따라서 과도한 일반화의 시도라는 상당한 위험이 존재하고 있다. 그리고 이 위험을 가능한 한 피하기 위해 그들을 알파벳 순서로 하는 방법이 채택되었고, 각자가 지닌 견해에 대한 증빙 자료를 많이 제시했다.

 18세기 정치와 정치철학의 지도자들은, 영국 사회를 특징짓고 있던 계급권(class rights)에 관한 솔직한 인식으로부터 멀리 떨어져 있을 수 없었다. 그들은 또 근대 당파적인 연구자들만큼, 법률과 헌법 제정에 나타나는 그 필수적인 경제적 대립들을 애매모호하게 만들어야 할 필요성에 직면해 있는 것도 아니었다. 그들의 사상적 명료성은 무산자에 대한 투표권 박탈로 크게 촉진되었는데, 왜냐하면 그로 인해 그들 정치에 관한 저술가들이 프롤레타리아의 눈치를 보며 '공공 정책'이라는 외양을 뒤집어씌워 중요한 집단 이익들을 설명할 필요가 없어졌기 때문이다.

물론 18세기에 대한 미국 정치학자들의 저서에, 봉건적 법학자들의 특징적인 그 예리한 계급권의 인식이 나타나고 있지는 않다. 왜냐하면 정부에게 정치적으로 제시된 재산 이익 내에는, 거짓 껍데기를 쓰고 있지만 여러 개의 분리된 이익들이 있었기 때문이다. 투표권이 없는 사람들 측에서도 불만의 소리가 있었는데, 이것은 후에 유권자에 대한 재산 자격을 없애버리고 정치적인 만인 평등주의를 끌어들인 폭풍으로 나타났다. 이와 같은 환경 속에서 헌법 지지자들은 자신들의 견해를 표출시키는 데 신중하지 않을 수 없었다. 그러나 우리의 연구를 위해서는 다행스럽게도 헌법을 기초하고 있는 동안 필라델피아에서의 진행은 비밀스럽게 전개되었고, 그들은 극히 솔직하게 자신들이 이루고 싶어 하는 실제적인 정치경제적 결과들에 관해 토론할 수 있었다.

예를 들면, 벤저민 프랭클린은 제헌 회의 시절에 너무

나 앞서나가고 있었기 때문에, 헌법의 형성에 있어서는 거의 실질적인 무게를 지니고 있을 수 없었다. 그는 그 집단의 어느 누구보다 민주주의에 대한 희망적인 견해를 지니고 있었던 것 같다. 그는 단원제 의회를 선호했고, 행정권자에게 절대적인 거부권이 주어지는 것에 반대했고, 투표권에 재산상의 자격 규정을 두려는 시도에 저항했다. 그는 헌법이 완성되었을 때 서명을 하기는 했지만 그의 동료들에 의해서 회의론자로 간주되고 있었고, 펜실베이니아 비준 반대자들에 의해 추대되어 주 제헌 회의 후보자로 나섰지만 선거에 패배했다.

알렉산더 해밀턴은 영국 헌법을 찬미해 마지않았다. 그는 제헌 회의에서 "하원은 고귀한 기관입니다. 재산에 의한 변화나 이해관계를 통해 바라는 것이 아무것도 없기 때문에, 국가의 이익에 충성스러울 수가 있어서 그들은 왕으로부터 혹은 서민들로부터 시도되는 모든 해로운 변혁을 막아주는 영구적인 관문이 되고 있습니다"라고 했다. 그가 숙고한 정부 형태는 분명하게 아래와 같이 요약될 수 있다. "모든 공동체들은 소수와 다수로 구별된다. 소수는 부유하고 가문이 좋은 사람들이고, 다수는 대중들이다. 사람들의 목소리는 신의 목소리라고 일컬어왔다. 그러나 이 격언이 비록 일반적으로 인용되고 있고 믿어지고 있다

하더라도, 사실은 진리가 아니다. 사람들은 난폭하고 변한다. 그들은 거의, 옳은 것을 각단하거나 결정하지 않는다. 따라서 소수 계층에게 분명하고 영구적인 정부 운영권을 주라. 그러면 그들은 다수 대중의 동요를 막아줄 것이고, 또 그들은 어떤 변화로부터 아무런 이득도 취할 수 없을 것이므로 훌륭한 정부를 유지할 것이다. 대중들 속에서 매년 반복되고 있는 민주적인 회의가 꾸준히 공공의 이익을 추구할 수 있을까? 영구적인 단체만이 민주주의의 몰염치를 막을 수 있다… 민주적인 구도 위에 훌륭한 행정부를 세우는 것이 불가능하다는 것은 일반적으로 인정되고 있다."

이런 원칙에 따라 해밀턴은 자신의 정부안을 만들었는데, 일반투표에 의해 3년마다 선출되는 사람들로 구성된 하원, 유권자들이 뽑은 선거인단에 의해 종신 혹은 품위 유지 기간 동안(during a good behavior)이라는 임기로 선출된 상원, 그리고 마찬가지로 유권자들이 뽑은 선거인단에 의해 종신 혹은 품위 유지 기간 동안을 임기로 하는 대통령 등을 두고 있다. 제헌 회의는 그의 안을 채택하지 않았다. 그는 헌법의 최종안이 기초되었을 때, 그 안정성과 영구성에 의문을 제기하는 등 헌법의 미래에 대해 확신을 지니지 못했다.

제임스 매디슨(James Madison)은 제헌 회의에 참여한 체계적인 철학자였다고 할 수 있다. 그는 많은 문제들에 대해 설득력 있게, 그리고 일관되게 자신의 견해를 제시하고 있어서 짧게 그의 말을 인용하는 것으로는 그의 주장을 전하기가 불충분할 것이다. 그의 전반적인 정치학 구도는 앞에서 논의되었기 때문에 여기서 재론할 필요가 없는 《연방주의론》 제10번에 구체적으로 실려 있다.

조지 워싱턴(George Washington)의 제헌 회의 진행 과정에서의 역할은 거의 무시할 수 있을 정도였고, 공적인 기록이나 사적인 편지에 있어서 어떤 일관된 정부 이론을 제시한 것 같지는 않다. 새로운 체제의 성격에 관해 이야기할 경우가 있었을 때도, 그는 날카로운 관찰자의 언변이기보다는 의석의 일반적인 의견에 몰두했다. 예를 들어 그는, 주로 해밀턴이 작성한 그의 고별 연설에서, 정부는 "어떤 영향력이나 위협으로부터도 자유로운 상태에서, 완벽한 조사와 성숙된 사고 위에서 채택된, 그리고 그 원리와 권한의 분할에 있어서 완전히 자유로운, 안전과 힘을 결합시키는, 우리들 자신이 선택한 것"이라고 이야기했다. 그러나 그는 자신의 집권 기간 동안 발아된 민주 사회에 의해 제시된 여러 유형의 정치에 우려를 표했다. 그리고 정부에 대한 비판을 반란과 유사한 것으로 간주했다.

제퍼슨처럼 그도 도시 인구의 증가를 불안한 눈으로 바라보았다. 프랑스 혁명 기간 동안 라파예트에게 보낸 편지에서 그는 "대도시의 갈팡질팡하는 사람들은 계속 두려움의 대상일 것이다. 그들의 무분별한 폭력은 당분간 모든 공공 당국을 위협할 것"이라고 말한다.

이 장의 결론은, 여러 문제들에서 팽배했던 견해의 다양성에도 불구하고 《연방주의론》의 저자들이 제헌 회의 대표자들의 정치 원칙들을 아주 정교한 수준으로 일반화시켰음을 확신할 수 있을 것이다.

제8장 비준 과정

 1787년 9월 17일 필라델피아의 제헌 회의는 그 작업을 마치고 새 헌법을 연합 의회로 보냈다. 그때 제헌 회의는 "새 헌법은 연방의회의 검토가 끝난 후 각 주에서 주 의회의 추천 아래, 그 주민들에 의해 뽑힌 대표자 회의에 보내져 그들의 동의와 승인을 얻을 것"을 제안했고, "또 이 새 헌법 원안에 동의하며 그것을 비준하는 각 대표자 회의는 그들의 뜻을 소집된 미합중국 연방의회에 통고하도록 하라"고 제의했다. 필라델피아 제헌 회의는 한 걸음 더 나아가 9개의 주에서 새로운 제도를 비준하면 그것이 발효되도록 하자고 제안했다. 11일 후 9월 28일에 당시 뉴욕에 있었던 연합 의회는 제헌 회의의 권고를 받아들이기로 결정하고 그 헌법을 각 주 의회에 보내어 주의 유권자들에 의해 선출된 대표자 회의에 보내도록 했다.
 이 모든 과정은 당시 토지에 관한 기본법(연합 헌장)의 단서 조항으로부터의 이탈을 의미했다. 왜냐하면 연합 헌장에 따르면, 모든 변화나 법 개정은 연합 의회에 의해서 이루어지고 각 주 의회는 승인을 얻게 되어 있었기 때문이다. 만일 오늘날 미합중국의 연방의회가 헌법의 '수정'을 위해 전국적인 대표자 회의를 소집하고, 그 회의가 현행 정부 제도를 완전히 포기하고 새로운 정부 조직을 국민투표에 맡기고, 규정된 수정의 과정을 무시한다면, 1787년에서 1789년 사이에 일어났던 그 엄청난 정치적 변화와 유사한 변화를 겪는 것이 될 것이다. 필라델피아 제헌 회의가 한 작업의 혁명적 성격은 존 버지스(John W. Burgess) 교수에 의해 잘 묘사되고 있는데, 그는 이와 같은 행동들이 줄리어스 시저나 나폴레옹에 의해 이루어졌다고 한다면 그것들은 쿠데타로 규정되었을 것이라고 했다.24)

헌법 제정 절차에 관한 이 혁명적인 계획은 제헌 회의 개회 때의 버지니아 안에 그 전조가 보이고 있었다. 이 계획은 처음부터 몇몇 지도급 인사들이 생각하고 있던 것이었다. 6월 5일에 이 계획이 고려되기 시작하자, 코네티컷 출신의 셔먼은 그것이 불필요하며 연합 헌장에 이미 개정

---

24) "그들(제헌 회의 대표자들)이 실질적으로 원한 것은, 모든 허구와 수사를 제거하면, 선거구 유권자들의 권력을 넘보는 것과, 정부와 자유의 헌법을 제정하는 것과, 당시까지 존재하던 모든 합법적으로 조직화된 권력의 수장들에 대한 평민화 요구 등이었다. 만약 시저나 나폴레옹이 이런 행동들을 취했다면 그것은 쿠데타로 규정되었을 것이 틀림없다." 《Political Science and Comparative Constitutional Law》, Vol. I, 105쪽.

에 관한 정규 규정이 있다는 근거에서 그 계획에 반대했다. 매디슨은 새로 만드는 헌법이 단순히 의회적 승인에 그치지 않고 그 이상의 어떤 근거를 확보하기를 원했다. 게리는 동부의 여러 주에서 아메리카 식민지 연합이 그 주민들에 의해 직접 승인된 바 있다고 말했다. 그는 새 제도를 그들에게 맡기는 것을 두려워하는 것 같았다. 당시 동부 지역 주민들은 세계에서 가장 조악한 정부관을 지니고 있었다. 예를 들면, 매사추세츠 주에서는 시민들이 상원을 폐지하는 것에 찬동하고 있었던 것이다.

7월 23일 비준에 관한 결정이 다시 제헌 회의의 토론 주제가 되었는데, 당시 새 헌법을 주 의회에 회부하는 것으로 하자는 제안이 있었다. 앞의 혁명적 제안에 반대하는 주된 이유 가운데 하나는, 대표자 회의에 의한 비준을 후에 주 의회가 폐기시킬 수 있는 가능성이 존재한다는 것이었다. 그러나 사실 더 큰 문제는 주 의회 통과와 대표자 회의 통과, 이 둘 가운데 어느 것이 비준을 가능케 할 것인가에 있었다. 랜돌프는 "누구의 반대가 가장 극적인 것일까?"라고 묻고 있다. "새 헌법으로 현재 그들이 지니고 있는 중요성으로부터 격하되게 될 지방 선동가들의 반대가 가장 극적인 것이 아닐까? 이들은 그 계획의 채택을 위해서 필요한 과정을 대중들의 정신에서 막기 위해 노력을 아끼지 않을 것이다… 따라서 이런 계층의 사람들이 자신들의 완벽한 영향력을 펼치고 있는 의회로부터, 그들의 시도가 더 이상 손해를 끼칠 수 없는 그런 장으로 문제의 토론을 넘기는 것이 매우 중요하다. 더욱이 몇몇 주가 그들 주 헌법의 변화에 반대 입장을 취하고 있고, 주민들에게 문제를 넘겨야 한다는 공개적인 요청이 있지 않고서는 결코 필요한 조치를 취하지 않으리라는 사실은 고려할 만한 가치가 있다"라고 했다.

매사추세츠의 고함도 같은 의견이었다. 그는 "그 안을 주 의회에 넘기는 것에 반대했다. 그 이유는 첫째, 이 일을 위해 주민들로부터 특별히 선출된 사람들이, 연방 정부에 넘어가게 될 권한의 상실을 맞게 될 의회 의원들보다 더 솔직하게 문제를 토론할 것이다. 둘째, 어떤 주 의회는 몇 개의 원으로 구성되어 있어서 대표자 회의를 통하는 것보다 그 안을 통과시키기가 어려울 것이다. 셋째, 각 주에서는 많은 능력 있는 자들이 주 의회로부터 배제되어 있지만, 대표자 회의에 선출될 수도 있을 것이다. 이들 가운데는 건전한 정부를 갖는 것에 대체적으로 호의적인 태도를 지닌 성직자들이 포함되어 있다. 넷째, 각 의회들은 여러 사소한 일들로 바쁘게 될 것이고, 그 일들을 교묘히 추진함으로써, 음모자들은 국가 체제를 폐기시키지는 않을지

몰라도 몇 번이고 지연시킬 수 있게 될 것이다. 다섯째, 연합 헌장의 마지막 조항을 따르기로 한다면, 모든 주의 완전한 동의가 필요하게 되어 있다"라고 주장했다.

제헌 회의 대표자들 중에서도 엘스워스는 일반투표에 의해 뽑힌 대표자 회의보다는 연합 의회를 신임한 편이었다. "그는 일반 대중들로부터보다 의회에서 기대할 수 있는 것이 많다고 생각했다. 동부 여러 주의 주민들의 일반적인 희망은 공채를 없애는 것이다. 그리고 국가 정부, 연방 정부를 강화시킨다는 발상은 공채를 강화시킨다는 것을 의미한다." 엘스워스의 반대에도 불구하고 대표자 회의에 의한 비준 계획이 실행에 옮겨지자, 그는 그 안을 옹호하며 주민들에게 다음과 같이 호소했다. "전체 제헌 회의를 구성했던 신사 여러분들의 정직성과 애국심을 입증해 주는 것이 바로, 그들이 자신들이 고안한 안을 각 주 의회에 회부하기보다는 주민들의 직접 판단에 맡기기로 선택했다는 것입니다. 왜냐하면 주 의회의 결정은 자주, 자신들의 생활 수단을 잘 갖추고 있으면서, 새 제도가 운용됨으로써 자신들이 손해를 입지 않도록 어떤 변화도 두려워하는, 정부의 높은 자리에 있는 사람들의 영향을 받고 있기 때문입니다. 나는 나의 대표자 회의에 몇몇 주에서 상원을 구성하고 있는 그분 신사들을 제외하기를 바라는 것이 아니고, 소수의 책략에 의해 대다수 주민의 의사가 부정될 수 없는 평등한 입장에서, 그들의 형제들과 같은 지위에 서 있는 것을 보기를 선택합니다. 이와 같은 위험은 연방 제헌 회의에서도 예측되었던 것으로서 제헌 회의에서는 직접 주민들에게 호소함으로써 그 위험을 현명하게 피했던 것입니다"25)라고 했다.

    제헌 회의 구성원들의 의견을 검토해 보면, 각 주의 대표자 회의를 통해 비준하자는 근거로 네 가지를 들고 있음을 알 수 있다. 첫째로 모든 주의 만장일치에 의한 동의가 있어야 한다는 원칙을 무시할 수 있고, 둘째는 일시적인 주 의회가 아닌 특별한 회의의 재가를 얻게 되면 헌법에 대한 보다 확고한 기반이 마련된다는 것이었다. 헌법이 지향하는 첫 번째 목표 중 하나가 주 의회의 권한을 제한하는 것이었는데, 그들 스스로 자폭하리라는 기대는 거의 불가능한 것이었기 때문이다. 셋째는 공채를 액면가대로 지불해야 한다는 것이었는데, 제헌 회의 구성원들은 이 국가적 의무를 완수할 수 있도록 기금을 형성하자는 주 의회에 대한 반복된 청원을 통해, 이들 주 의회로부터는 어떠한 구원도 받을 수 없다는 사실을 체득하고 있었다. 주 대

---

25) Farrand, 《Records》, Vol. III, 137쪽.

표자 회의 대표자들에 대한 선거를 주 의회 의원 선거와 분리시킴으로써, 헌법을 지지하는 자들은 자신들의 선전 활동을 더 잘 집중시킬 수 있었다. 마지막으로 헌장의 개정을 위해서는 모든 주의 동의가 필요하다는 연합 헌장의 조항에 관해서는, 새 제도 주창자들의 당면한 긴급 필요성으로 인해 그와 같은 사소한 기술적인 문제가 방해가 될 수 없다는 입장이었다.

그들이 받은 지시 사항을 무시하고 완전히 새로운 기구를 만들 수 있는 법적인 권리를 갖고 있느냐 하는 문제는 지금까지 외관상, 재산상의 정당성을 유지하는 데 엄격성을 견지했던 그들에게는 다소는 껄끄러운 것이었다.

각 주로부터 위임받은 지시 사항은 연합 헌장의 '개정'에 한한 것이었음이 분명했고, 또 당시의 지배적인 여론의 성향에서 제헌 회의의 혁명적 목적들이 파악되었을 경우 과연 제헌 회의가 소집될 수 있었을지는 특히 의심스럽다.

제헌 회의 회의실 밖에서도 이 혁명적 출발을 자신들이 받은 지시 사항으로부터 방어해 주지 않으면 안 되었다. 매디슨은 《연방주의론》에서 같은 입장을 취하여[26] 그

---

26) 《The Federalist》, No. 40.

가 제시한 법률적 주장이 불충분하게 느껴지지만 혁명의 정당성을 솔직하게 호소하며 자기편에 대한 결정적인 변호를 했다. 처음에 그는 제헌 회의가 명령을 어기고 혁명적인 활동을 수행하고 있다는 사실을 받아들이려 하지 않았다. 따라서 그는 대표자들이 받은 명령에 대한 분석에 근거하여 우선 법적·도덕적 정당성을 주장하는 논리를 전개했다. 그는 주장하기를, "그 지시 사항들은 그들로 하여금 연방의 위기에 대처하기에는 충분한 그와 같은 연합 헌장의 개정은 가능케 하나, 적절한 정부는 헌장을 개정하는 것만으로는 이루어질 수 없고, 따라서 제헌 회의는 그 명령을 엄격히 준수함으로써 소를 위해 대를 희생시키든지 아니면 법률 조항을 희생함으로써 부여받은 임무를 완전히 수행하든지 해야만 하게 되어 있다"고 하고 있다. 그리고 그는 "그들로 하여금 연합 헌장을 포기하고 적절한 정부를 세우고 연방이 보존되는 것이 미국인의 행복을 위해 가장 중요한 것인지, 적절한 정부를 포기하고 연합 헌장을 보존하는 것이 중요한지를 선언하게 하자"며 그의 주장을 끝맺고 있다.

그러나 매디슨은 타당성을 갖추는 것이 중요하다는 의견을 개진한 후 서둘러, 정부에 있어서의 모든 중요한 변화는 "형식에 앞서 실질을 중시해야 한다"고 덧붙이고 있다. 사소한 기술적 문제에 집착하는 것은 "주민들의 명백하고 귀중한 권리들을 명목적이고 사소한 것으로 만들어, 그들에게 자신들의 안전과 행복에 가장 영향을 끼칠 것이라 보이는 자신들의 정부를 포기하거나 변질시켜 버리는 것이 될 것이다"라고 했다. 이 말은 바로 기저에 존재하는 혁명권은 모두 커다란 정치적 변화를 정당화시켜 준다는 의미인 것이다. 만약 누군가가 이와 같은 혁명권은 필라델피아에 모인 50여 명의 대표자들의 모임인 제헌 회의와 같은 작은 집단에 의해서 행사되어서는 안 될 것이라고 주장한다면, 매디슨은 전체 주민이 일제히 앞으로 나아가는 것은 불가능하며 "따라서 그와 같은 변화는 몇몇 애국적이고 존경받을 만한 시민이나 다수의 시민들에 의해서 이루어진 비형식적이고 사적인 제안으로 시작될 수밖에 없다"고 응답할 것이다. 영국에 대한 최근의 반란도 이런 식으로 일어났고, 사람들은 이 헌법의 경우에는 필라델피아 회의에서 작성된 결과를 검토할 권리를 가지고 있다.

  헌법에 반대한 자들은 그들의 삶을 영위해 가고 있는 법체계를 팽개치고 새 기구가 9개의 주에 의해서 승인을 받으면 그 주에서는 물론 전체적으로 효력을 발휘하게 된다고 규정한 헌법 조항의 의미를 알 수 있었다. 매사추세츠의 '코넬리우스(Cornelius)'라는 익명을 쓴 사람은 이 점에 관해서 우려를 표명하고 1787년 11월 11일, 18일 양차에 걸친 편지에서 이와 같은 이탈 현상에 관해 질문을 던졌다. "여기에 명시된 식으로 헌법을 채택하려 하는 일은 바로 미합중국을 존재케 하고 하나의 국민으로 만들어주는 그 기본적이고 엄숙한 계약을 불성실하게 위반하는 것은 아닌가? 만일 한 국가가 자신의 가장 엄숙하고 기본적인 계약을 준수해야 한다는 의무를 그렇게 쉽게 버릴 수 있다면, 그것은 그보다 덜 중요한 문제의 경우 훨씬 더 거리낌 없이 같은 것을 할 수 있다는 것을 말하는 것은 아닐까? 만약 국가 스스로 그런 본보기를 보이면, 특정 주, 시민, 혹은 국민들도 그를 본받게 되지 않겠는가? 그렇게 될 경우 공사의 신뢰는 어떻게 되겠는가? 정부에 바치게 되어 있는 충성의 근거는 무엇이며, 시민사회의 결합은 해체되지 않겠는가? 충성이란 것이 단순히 힘에 바탕을 둔 것인가? 시민 정부 속에 도덕적 의무란 그 자리가 없는 것인가? 상호 계약에 있어서 한편은 자유로운 반면 다른 한편에만 그 의무를 지울 수 있는가? 만약 그렇다면 헌법이나 국가의 계약은 아무 쓸모가 없으며, 충성의 서약 또한 터무니없는 것임에 틀림없다는 생각이 든다"[27]라고 했다.

---

27) Harding, 《The Federal Constitution in Massachusetts》, 118~119

제헌 회의의 이 '초헌법적' 과정은 반연방주의자들로부터 모든 방면에서 공격을 받았다. 또 다른 한 사람은 "통합적인 체제가 가장 비밀스럽게 최소한의 자격을 갖추지 않은 채 형성되었다. 그러고는 갑작스럽게 어떤 사전 통고도 없이 연방 대표자 회의로부터 비준을 위해 넘겨졌다. 연합 의회는 그 안에 대해 어떤 의견도 제시하지 않고 그것을 각 주 의회로 넘겼다. 주 의회는 또 예에 따라 그것을 국민에게 넘겨버렸다. 연합 의회나 주 의회의 도움 없이 이 주의 주민들은 문제를 검토할 시간이 없어서 신문에 정보를 요청했고, 의견을 달리하는 필자들을 따라 분열되었으며 그와 같은 상황 속에서 주 대표자 회의의 구성원들을 선출했다. 그리고 이들 대표자들은 연방 대표자 회의(제헌 회의)의 안을 그 불완전성을 안 채 수용해야 할지의 여부를, 그리고 국민들은 자신들이 명확히 알지 못하는 성격과 원리를 지닌 정부 제도로 묶어야 할지 고려해야 한다"[28]라고 했다.

그 제안된 비준안에 관한 논쟁이 가져다준 이득이 무엇이었든, 그 안은 그 헌법을 특별한 대표자 회의에 넘기

쪽.

28) 〈The Massachusetts Centinel〉, January 2, 1788.

기 위해 연합 의회에 의해 초대되었던 각 주 의회에 의해 받아들여졌다. 따라서 무슨 방법으로 이들 대표자 회의를 소집하고, 필라델피아 회의에서 채택된 이 새롭고 혁명적인 제안들에 대해 어떤 방법으로 승인하는가 하는 문제는 여전히 의문 상태로 남게 된다.

위에서 제시된 사실들을 개관해 보면 다음과 같은 몇 가지 중요한 일반화를 가능케 한다. 로드아일랜드와 노스캐롤라이나 두 주는 연달아 강력한 경제력을 동원하여 그들을 고립화시키려고 했던 새 정부가 설립되고 나서야 헌법을 비준했다.

뉴햄프셔·뉴욕·매사추세츠 등의 3주에서는 대표자회의 대표자들에 대한 선거 결과로 계산했을 때 일반투표는 헌법에 찬동하지 않고 있다는 결과를 보였다. 따라서 비준은 반대자들의 전향과 자신들에게 내려졌던 암묵의 (때로는 명시적인) 지시에 대한 이행 거부를 통하여 확보될 수 있었다. 버지니아에서는 일반투표가 닳은 의혹을 안고 있다.

쉽게 헌법을 비준했던 4개의 주, 즉 코네티컷·뉴저지·조지아, 그리고 델라웨어에서는 주 의회가 결정을 내리는 데 단지 4주일 내지 5주일밖에 소요되지 않았고, 다시 4주일 내지 5주일 후에는 대표자들에 대한 선거가 실시되었고, 또 비슷한 기간이 지난 후 대표자 회의 소집이 있었다. 이와 같이 쉽사리 일이 진행되었던 것은 아마도 헌법을 선호하는 일반적인 분위기 때문이었거나 아니면 일이 신속하게 진행되어 반대가 미미하게 전개되었다고 설명될 수 있을 것이다.

메릴랜드와 사우스캐롤라이나 두 주에서는 대표자 회의 대표자 선거와 회의 소집을 신중히 처리하고 지체시킨 결과 새 기구를 찬성하는 편이 확고한 다수를 점할 수 있었다. 다만 사우스캐롤라이나의 경우 일반투표의 결과가 밝혀지고 있지 않다. 그리고 나머지 펜실베이니아 주는 헌법 비준 과정이 흉할 정도로 성급하게 진행되었다.

제9장 헌법에 대한 일반투표

여기서는 모든 '국민' 중에 얼마가 헌법의 채택을 찬성했고 또 얼마가 반대했는가를 분석해 볼 필요가 있다. 우선 제헌 회의 소집의 당위성에 대해서, 그것이 일반투표에 부쳐지지 않았으며, 유권자들이 제헌 회의 대표자들을 선출한 주 의회 의원들을 뽑을 때 그 일에 대해 특별히 결정한 바가 없다는 사실을 상기할 필요가 있다. 새 헌법이 일반 대중의 비준을 받지 않았다는 것이다. 당시에도 국민투표(referendum)라는 것이 알려지지 않았던 것은 아니었지만 그것이 미국 정치에서 확고한 원칙이 되지는 못하고 있었다.

헌법 비준을 위한 대표자 회의에 보낼 주 대표자들을 뽑는 주 선거에 참여한 유권자들은 아래와 같이 네 가지 부류로 분류될 수 있을 것이다. 헌법을 의식적으로 찬성한 사람들, 마찬가지로 의식적으로 반대한 사람들, 문제를 자신들이 선출한 대표자들의 생각에 맡기기로 작정한 사람들, 그리고 맹목적으로 투표한 사람들로 구분될 수 있을 것이다.

이들 집단들의 상호 비율이 어느 정도 되었는지 확인

할 수는 없지만, 이 문제에 대해 시사하는 몇 가지 사실들이 있다. 얼마나 많은 사람들이 이 헌법의 채택을 지지했는가? 이 문제를 검토할 때 주의해야 할 첫 번째 사실은 상당한 비율의 백인 성인 남자가 투표권에 관한 재산상의 자격의 제한을 받아 비준을 위한 주 대표자 회의 대표자 선거에 참가하지 못했다는 것이다. 이 투표권 자격은 주 의회에 일임되어 있었는데 대체적으로 그들은 주 하원 의원 선거의 유권자들에게 적용되었던 기존의 재산상의 제한을 그대로 채택했다.

현재 밝혀진 단편적인 증거들을 근거로 헌법을 지지한 투표 상황을 일반화하기가 썩 내키지 않는 사람들도 있겠지만, 그럼에도 불구하고 문제와 관련 있는 몇 가지 사실들을 하나로 묶어보는 것도 가치 있는 일일 것 같다.

제임슨 박사가 당시 매사추세츠에서 선거에 참가하여 투표했던 사람들은 그곳 인구의 5퍼센트였다[29]고 결론을 내린 것 이외에도 다른 가치 있는 자료가 있다. 폴린(Paulin) 박사는 1788년의 대통령 선거 때 뉴햄프셔에서 선거인단 투표에 참가한 비율은 백인 인구의 2.7퍼센트였

---

[29] Dr. J. F. Jameson, ⟨Did the Fathers Vote⟩, ⟨New England Magazine⟩, January, 1890.

고, 제1차 연방의회 의원들에 대한 선거 때 메릴랜드의 투표자는 백인 인구의 3.6퍼센트였으며, 같은 선거에서 매사추세츠의 경우 투표자의 수는 3퍼센트였음을 밝혀냈다. 당시 투표권 행사에 관한 전반적인 추세를 논하면서 폴린 박사는 "투표는 이해관계가 있는 소수의 재산가들에 의해 주로 행사되었으며, 북부 여러 주의 경우 이들 재산가들이 골고루 분포되어 있지 않고 집중적으로 도시에 거주하고 있었는데, 그들 가운데서도 폐쇄 회사와 같이 보다 부유하고 보다 재능 있는 자들이 정치를 좌우하고 있었다"[30]고 하고 있다.

뉴욕의 경우 당시 신문들로부터 추출한 결과에 따르면, 몇몇 구에서는 투표율이 인구의 거의 10퍼센트에 육박하고 있는 반면 또 어떤 곳에서는 투표자들의 비율이 보편적인 성인 남자 선거 조항하에서도 매사추세츠와 같은 수준인 5퍼센트에 머물고 있다는 사실을 알 수 있다. 또한 대표 회의 대표들의 분포가 불공평하여 반연방주의자들에게 결정적으로 불리했다는 사실을 알 수 있다.

사우스캐롤라이나에서는 대표자 회의 대표자들의 분

---

30) ⟨The First Elections under the Constitution⟩, 《Iowa Journal of History and Politics》, Vol. II, 3쪽 이하.

포가 동산 소유자가 많은 해안 지역에 결정적으로 유리하게 되어 있었다. 1788년의 대표자 회의는 1794년의 하원 의원 수의 거의 두 배에 달하는 사람들로 구성되어 있었고, 분포도 그 성격이 비슷했다. 후에 하퍼(R. G. Harper)는 '아피우스(Appius)'라는 필명으로 의회에 있어서 고지대 의원수와 저지대 의원수의 커다란 불균형을 지적한 바 있다. 즉 "헌법의 비준을 강하게 지지하고 있던 지역인 찰스턴(Charleston)·뷰퍼트(Beaufort)·조지타운(Georgetown)을 포함한 저지대에서는 백인 주민 2만 8694명 가운데서 70명의 하원 의원과 20명의 상원 의원이 선출되었다. 주의 총인구 14만 9596명을 2만 8694로 나눈 수치는 5 이상으로 나타나는데, 이렇게 되면 상·하 양원 주 의원들의 대다수를 5분의 1 이하의 사람들이 선출하는 것이 된다"[31]고 했다. 대체로 반연방주의적이었던 위 지역은 반면에 백인 주민 12만 902명 가운데 하원 의원 54명만을 뽑아 하원에 보내고 있었다. 이와 같은 근거로 판단하건대, 대표자 회의에서 비준에 반대한 73표가 사실상 대다수의 백인 주민과 주의 투표자들을 대표한다고 보는

---

31) 〈Appius〉, 《To the Citizens of South Carolina》(1794); Library of Congress, 《Duane Pamphlets》, Vol. 83.

것이 옳을지도 모른다.32)

이와 같은 수치들, 보스턴·필라델피아·볼티모어 등의 도시에서 비준 대표자 회의에 보내는 대표자들 선거에서 나타난 위의 자료들, 농촌 지역에서 참가율이 도시에서보다 낮았다는 사실, 전체 인구의 3퍼센트만이 인구 8000이상의 도시에 거주하고 있었다는 사실 등을 고려했을 때, 대체적으로 인구의 5퍼센트 이내, 그 총수에 있어서 16만 명 이내의 선거권자들이 헌법에 대하여 이쪽이든 저쪽이든 자신의 의사를 밝혔다고 주장해도 무리한 추측은 아니라고 생각된다. 달리 표현하면, 많아야 백인 성인 남자의 4분의 1 혹은 5분의 1이 주 대표자 회의에 보낼 대표자 선거에 참가했다고 할 수 있는 것이다.

네 개의 주, 즉 뉴햄프셔·매사추세츠·뉴욕, 그리고 버지니아에서는 대표자 회의가 헌법의 비준을 놓고 표결에 들어갔을 때, 헌법의 비준에 반대하거나 혹은 아주 근소한 차이로 경쟁하고 있었기 때문에 어느 쪽이 최종 승리를 거둘지 말하기 힘든 상황이었다. 이들 네 개의 주는 로드아일랜드·노스캐롤라이나 두 주와 함께,33) 처음에는

---

32) 이는 그 지역 지리와 대표들의 분포 상황을 세밀하게 조사하면 정확하게 산출될 수 있을 것이다.

비준에 반대했는데, 당시 전체 인구의 5분의 3 정도, 숫자로 320만 명의 자유인 가운데 190만 명의 인구를 보유하고 있었다. 이 가운데 반대자를 반 정도로 잡아 90만 명이라고 하고 그 가운데 투표자를 5퍼센트라고 했을 때 4만 5000여 명이 헌법 비준에 반대하여 투표한 사람이라 할 수 있을 것이다. 여기에 펜실베이니아에서 헌법 비준에 반대한 투표자 약 6000명을 더하면 5만 1000명이라는 수치가 나온다. 그리고 메릴랜드·사우스캐롤라이나, 그리고 코네티컷 등지의 반대자들을 더하고, 기타 여러 주의 경우에는 만장일치로 헌법 비준에 찬성했다고 가정했을 때, 헌법이 발효되었을 때 대표자들의 선거에 투표를 한 16만 명의 투표자 가운데 10만 명을 넘지 않는 사람들이 헌법의 채택에 찬성한 것으로, 성인 남자 6명당 1명이 찬성했다는 상당히 그럴듯한 결과를 도출할 수 있다.

이와 같은 수치가 상당히 거친 추산이기는 하지만, 헌법이 '전 국민의 명백하고 사려 깊은 의지의 표출'이었던 것도, 혹은 대다수 성인 남자들의 의견의 표현이었던 것도, 최소한으로 그들 가운데 5분의 1의 의지의 표현이었

---

33) 노스캐롤라이나나 로드아일랜드를 제외한 채 헌법이 그 효력을 발휘하기 시작했다는 사실을 기억하기 바람.

던 것도 아니었음을 판단할 수 있다.

사실 투표에 참가한 대부분의 사람들이 새 헌법을 그대로 받아들이는 것에 반대했던 것은 당연한 일이었을 것이다. 이와 같은 추측은 새 정부의 형성과 그것의 비준을 위한 운동에 적극적으로 참여했던 대법원장 마셜과 같은 권위자의 솔직한 표현에서도 그 근거를 찾을 수 있다.

여하튼 재산상의 자격 제한·무관심, 그리고 무지 등으로 인하여 야기되었던 많은 대중들의 선거 불참이 동산 이익을 대표하는 자들의 손쉬운 승리를 가능케 한 커다란 원인이었다. 이들 동산 이익 대표자들은 새 헌법의 가치를 이론적으로보다는 실질적인 수입과 관계있는 문제로 파악하고 있었기 때문에 어느 지역에서나 이 문제에 관해 주의를 게을리 하지 않고 있었다. 그들은 정보에 빨랐고, 자신들의 이익의 동질성을 깨닫고 있었다. 그리고 그들은 잘 조직되어 있었다. 심지어 그들은 자신들이 헤쳐나가야 될 경쟁이 실제로 어떤 성격의 것이 될 것인지를 수 주 전부터, 때로 비준을 위해 헌법이 각 주로 전달되기도 전에 이미 알고 있었다. 그들은 대부분이 도시에 거주하고 있거나 혹은 보다 인구밀도가 높은 지역에 거주하고 있어서, 자신들의 역량을 재빨리, 그리고 효과적으로 결집시킬 수가 있었다. 그들은 또한 모든 사회집단 내에 다수 존재하며 정치기구에서의 어떤 변화를 통하여 무언가 개선되기를 갈망하는 모든 불만 계층에게 호소할 수 있는 이점도 지니고 있었다.

일반적으로 말해서 재능·부, 그리고 전문적 능력 등이 헌법 지지자들 편에 서 있었던 것이다. 교육적 캠페인을 위하여 쓰인 자금도 그들 편에서 나왔다. 그 자금은 상당한 액수로서 팸플릿 제작, 시위와 퍼레이드 조직, 신문 등의 매체 이용 등에 쓰였다. 공채의 평가절상으로 들어올 거대한 수입의 극히 적은 일부만으로도 자신들의 승리를 위한 운동에 적잖은 자금이 되었을 것이다.

반대로 반대자들에게는 오지의 표를 도시나 혹은 군의 투표소로 끌어내야 하는 어려움이 있었다. 때로는 나쁜 날씨 속에서의 긴 여행이 포함되기도 했는데, 선거가 늦가을 혹은 겨울에 실시되었다는 것을 기억해야 할 것이다. 그리고 헌법을 거부한다 하더라도, 반대 진영의 공채 소유자들이 헌법의 채택을 통하여 기대하고 있는 것과 같은, 그와 같은 즉각적인 개인적 이득이 눈에 보이지 않았다. 채무자들은 헌법이 채택되면 자신들의 빚을 액면 그대로 갚아야 할지도 모른다고 알고 있었고, 소(小)자영 농민들은 국채를 변제해 주는 데 세금이 사용될 것이라고 판단한 것은 사실이었다. 그리고 채무자들이 모든 곳에서 헌법에 반대하는 전쟁에 나섰던 것-이에 관해서는 많은 증거자료들이 있다-도 사실이었다. 그러나 그들은 캠페인을 벌일 만한 자금이 없었다. 그들은 가난했으며 영향력도 없었다. 그럼에도 불구하고 그들은 놀랍게도 투표에서 거의 새 헌법을 좌절시킬 뻔했던 것이다.

제10장 헌법 비준 투표의 경제적 분석

 자연과학에서 그 외면적인 측면만이 묘사되었을 경우 어떤 유기체를 이해했다고 말할 수 없듯이, 역사에서도 한 무리의 사람들에 대해서 그 집단을 구성 요소 별로 분석해 볼 때까지는 그들을 정확하게 이해했다고 할 수 없다. 이와 같이 생각할 때, 헌법 속에 반영된 물질적 이해 집단들과 관련하여 수학적으로 정확한 결론을 얻기 위해서는 헌법의 채택을 찬성한 '사람들'과 그것을 반대한 '사람들'을 각자의 독특한 방법과 수단으로 생계를 영위하고 있는 경제적 존재로서 개별화시켜 검토하지 않으면 안 될 것이다. 따라서 이 문제를 정말로 잘 분석하기 위해서는 헌법의 형성과 채택에 연관된 16만여 명의 자연적인 역사를 검토해야 할 것이다. 그러나 현재로서는 불완전한 사료에서 끌어낸 다소 거친 일반화에 의존할 수밖에 없다.

 만약 우리가 필라델피아 제헌 회의에 관해 전개한 것과 비슷한 정도의 설명을 각 주의 대표자 회의에 관해서도 해낼 수 있다면 커다란 행운이 될 것이다. 그러나 그와 같은 연구는 수백 명에 이르는 사람들의 개인적인 경제 상태에 대한 매우 상세한 연구를 필요로 한다. 그리고 그와 같은 연구의 결과도 대체로 필라델피아 제헌 회의에 관해 연구한 것보다는 만족스럽지 못할 것인데, 그 까닭은 이들 주 대표자 회의에 대표자로 참가했던 사람들 가운데 많은 사람들이 개인적인 기록을 전혀 남기지 않고 있고, 또 그들 소유 재산에 대한 기록도 우리에게 전해지지 않는 대단찮은 사람들이기 때문이었다. 펜실베이니아의 경우와 같이 이런 작업이 일부 단편적으로나마 행해진 연구도 있었는데, 사료가 허용하는 범위 내에서 각 주 대표자 회의 대표자들의 공채 소유와 다른 재산상의 이해관계 등에 대한 예리한 분석이 가능할 것이라는 희망에서였다.

여기서 대표적인 주인 매사추세츠에 대해서 알아보자. 헌법에 대한 매사추세츠에서의 투표는 명확하게 계층들과 집단들의 노선을 좇아 행해졌다. 상업·금전·공채 다시 말하여 동산을 소유하고 있었다고 보이는 그런 집단들은 새로운 정부 기구의 비준에 호의적이었다. 그리고 본래부터 농촌에 살고 있었고 거의 동산을 소유하고 있지 않던 그런 집단들은 그것에 반대했다. 그런 집단들의 투표 성향을 아래와 같이 분류할 수 있다.

동부 지역: 찬성 73퍼센트, 반대 27퍼센트
중부 지역: 찬성 14퍼센트, 반대 86퍼센트

서부 지역: 찬성 42퍼센트, 반대 58퍼센트

 이와 같은 놀라운 차이가 나타난 것은 명백하게 투표자들이 던진 표의 이면에 어떤 근본적인 것이 있었다는 것을 가리킨다. 이들 각각의 지역은 경제적·사회적 단위로서 첫 번째 것은 해안 지역을 가리키고 있고, 두 번째 것은 내부 지역을, 세 번째 것은 코네티컷 계곡과 주의 변경 지대를 대표하고 있다. 동부 지역에서는 경제적인 이해가 상업이었고, 그 주 내에서 재력·영향력, 그리고 도시 인구를 보유하고 있는 지역이었다. 중부 지역은 내부의 농업 이익(소농가)과 관련 있는 지역이었다. 1786년에 이 지역에서 많은 셰이파(반란 농민)가 나왔다. 코네티컷 계곡 혹은 서부 지역은 북부·내지, 그리고 반연방주의자들이 우세했던 지역과 남부·해안 근처, 그리고 동남부의 코네티컷 강의 무역 도시들이 포함된 연방주의자들이 우세했던 지역으로 세분할 수가 있다.

 매사추세츠에서의 헌법 반대에 관해 독자적으로 연구를 수행한 하딩도 실제적으로 같은 결론에 도달하게 된다. 그 투쟁의 과정에서 중요한 역할을 한 요소로서, 그는 "주의 농업 지역과 상업 지역 사이의 일부는 실제적이기도 하고 일부는 상상의 것이기도 한 이익 계층들 간의 갈등"을 그 하나의 중요한 요소로서 들고 있다. 그는 계속해서 말하기를 전체 반대의 기저에는 "매사추세츠 사회의 귀족적 요소와 민주적 요소들 사이의 공개적인 반목이 있었다… 매사추세츠만이 이와 같은 경험을 겪었던 것은 아니었다. 전부는 아니라 하더라도 대부분의 주에서 비슷한 대립이 독립 전쟁 이후 발생하고 있었다. 필라델피아에서 신헌법의 기초자에 자신의 이름을 넣었던 사람들은 당시 귀족적 성격의 이익과 일치한다고 단언을 해도 좋은 사람들이었다… 민주정과 귀족정 사이의 반목의 감정이 매사추세츠 대표 회의에서 일어났던 대다수 반대의 근거였다는 것은 의심의 여지가 없다"[34]라 하고 있다.

물론 하딩이 도입한 이 두 번째 반대의 요소, 즉 귀족주의와 민주주의 사이의 대립은 실제로는 첫 번째 요소, 즉 각종 이해 집단 간의 반목이 다른 가면을 쓰고 나타난 것에 지나지 않았다. 왜냐하면 귀족적인 일파들은 전문적인 참모들을 데리고 있는 부유한 집단들이었고, 민주주의적인 일파는 경제적 환경의 속성상 많은 전문인을 포함할 수 없는 농업적인 성격의 구성 분자들이었다. 해밀턴·매디슨, 그리고 연방주의자에 속하는 모든 사상가들도 그것을

---

34) 《The Federal Constitution in Massachusetts》, 75쪽.

잘 이해하고 있었다. 따라서 경제적인 것들을 제외하고 민주주의적 관심에 관해서 이야기하는 것은 본질적인 것이 되지 못한다고 생각된다. 그리고 그것은 사실상 실제 작용한 힘이 무엇이었는가를 밝혀주는 데 아무런 도움도 되지 못할 것이다. 하딩 그 자신도 이것을 잘 인식하고 자신의 서론 부분에서 명쾌하게 그것을 설명하고 있다.

그렇다면 매사추세츠 대표 회의에서 헌법에 반대한 사람들의 경제적·사회적 경력은 무엇이었을까? 하딩은 직접적으로 이 의문에 답하고 있다. "6명은 분명치 않다고 대답하지 않을 수 없는데, 그들의 이름은 당대의 대부분의 학자들에게도 완전히 알려지지 않고 있다"라고 했다. 그는 계속해서 말한다. "메인의 뉴 글로스터(New Gloucester) 출신의 윌리엄 위저리(William Widgery 혹은 Wedgery)가 이들 가운데 한 사람이었다. 그는, 가난하며 친구 하나 없고 교육받지 못한 소년으로서 독립 전쟁 이전에 영국으로부터 이민 와서, 그 전쟁에서 정부가 징발한 한 선박의 갑판장으로 복무했고, 메인에 정착하여 얼마간의 재산을 모았으며, 1788년경에는 매사추세츠 주 의회에서 제1차 의회 의원으로 있었다… 메인의 톱섬(Topsham)의 새뮤얼 톰슨(Samuel Thompson)도 반연방주의자들 가운데 지도급에 속하는 사람이었다. 자수성가한 사람으로서 그는 그런 종류의 사람들이 지니기 쉬운 완고한 성격이어서 자신의 의견을 굽힐 줄 몰랐다… 그는 당시로서는 부유한 사람이었지만, 인색한 면이 있었다… 또 다른 결정적인 헌법 반대론자는 메인의 샌퍼드(Sanford)의 새뮤얼 하슨(Samuel Hasson or Nason)이었다. 그는 뉴햄프셔에서 태어나서 마구 판매상이었다가 메인에서 점포를 하나 얻게 되었고, 전쟁 동안에는 잠시 군에 복무하기도 했다… 1787년에 그는 한 임기 동안 주 의회 의원으로 일했지만, 자신이 앞으로 보다 나은 교육을 받아야 하겠다는 생각으로 재선 입후보를 거부했다… 매사추세츠 본토 출신으로서는 우스터(Worcester)군, 더글러스(Douglas)의 존 테일러(John Taylor) 박사가 가장 유명한 헌법 반대론자였다… 그러나 그의 성격과 생애에 관해서는 극히 미미한 자료만이 수집되어 있다. 그는 1787년 의회에서 대중적인 인기를 누리고 있던 사람의 하나로서 지폐 법정화폐법(Tender Law)의 확대를 획득하는 데 적극적으로 참여했다… 이 지역 출신으로서 또 다른 유명한 반대론자는 브리스틀(Bristol)군, 레호보스(Rehcboth)의 대장 패뉴얼 비숍(Captain Phanuel Bishop)이었다. 그에게 로드아일랜드의 독소가 작용하기 시작했는지도 모른다… 그는 매사추세츠의 원주민으로서 공립학교의 교육을 받았다. 그가 언제 왜 대장이라는 칭호를 붙이기 시작했는지는 분명치 않다. 벨크냅(Belknap)은 그를 '유명한 반란자'라고 부르고 있다. 그리고 그가 공직을 갖게 된 것도 셰이들의 물결이 최고조에 달했을 동안이었던 것도 분명하다. 그의 첫 번째 의회 경험은 1787년 합중국 상원에서였는데 그는 채무자를 보호해 주는 것을 옹호했다."[35]

이 매사추세츠 주에서의 헌법 비준에 관한 연구를 조심스럽게 진행한 한 연구자에 따르면, 이 주에서 헌법에 대하여 끝까지 반대하여 투쟁한 지도급 인물들 명단은 다음과 같았다. 메인 지역의 자수성가한 3명과, 그리고 채무자의 보호주의자 2명으로, 일렬로 나열된 이와 같은 기록보다도 더 설득력 있는 것도 없을 것이다.

그러나 하딩이나 리비는 매사추세츠의 과세표나 혹은 워싱턴에 있는 재무성의 기록들을 분석하지는 않았다. 이런 과세표나 기록들을 조사해 보면 분명히 헌법의 비준을 조직하고 완수한 생동감이 있는 지속적인 경제력이 동산이익이었으며 그 가운데도 특별히 공채 이익집단이었다는 것을 볼 수 있을 것이다. 지적된 바와 같이 이들이 새 헌법으로부터 가장 많은 것을 즉각적으로 얻는 자들이었

---

[35] 《The Federal Constitution in Massachusetts》, 63~66쪽.

다. 파운드당 2 혹은 3실링으로 구입했던 연방 증서가 연방 정부의 설립과 함께 급속히 가격이 오르게 되어 있었다. 이 사실을 가장 잘 알고 있었던 자들이 바로 매사추세츠 출신의 대표 회의 대표자들, 보스턴의 가까운 친구들, 그리고 그들의 지지자였던 것이다.

이 주에서 장기채로 전환된 6%짜리 공채 총액 11만 3821파운드 가운데 반 이상인 6만 5730파운드가 에식스(Essex)와 서퍽(Suffolk) 두 군에 집중되어 있었다. 그리고 보스턴이 그 중심 도시였다. 이들 두 군 출신의 주 대표 회의 대표들은 거의 만장일치로 헌법의 채택을 지지했다. 3% 공채 총액 7만 3100파운드 가운데 반 이상인 4만 3857파운드도 역시 이 두 군에 몰려 있었다. 지불 연기된 주식 5만 9872파운드의 반 이상인 3만 2973파운드도 역시 이 두 군에 있었다. 주에서 발행했거나 혹은 중앙정부가 발행한 기타 공채 총액 9만 4893파운드 가운데 그 3분의 1 이하인 3만 329파운드가 이 지역에 있었다. 그리고 대출된 현금 총액 19만 6698파운드 가운데 3분의 1 정도에 지나지 않는 6만 3056파운드가 이들 지역에 있었는데, 이런 사실을 통해서도 공채가 능동적인 요소로 작용했다고 하는 위의 추정을 확인할 수 있다.[36]

이와 같은 추측을 더욱 확인해 주는 것으로, 투표된 표의 분포 상황과 공채의 분포 상황을 보여주는 아래 표를 들 수 있을 것 같다. [표 1]은 연방주의자의 요새인 에식스와 서퍽 두 군 출신 대표들의 헌법에 대한 표의 성향을 보여주고 있고, [표 2]는 1792년 과세표를 통하여 드러난 공채의 양을 제시하고 있다.

표 1.   단위: £

	에식스	서퍽
헌법에 찬성	38표	34표
반대	6표	5표

표 2. 과세를 위하여 작성된 공채 보유 현황표

	서퍽	에식스
장기채로 전환된 것, 6%	29,228	36,502
장기채로 전환된 것, 3%	17,096	26,761
장기채로 전환된 것, 무이자	14,854	18,119
기타 채권	14,056	16,273
대출된 현금	29,941	33,115

---

36) 《State Papers: Finance》, Vol. I, 451쪽. 물론 1789년과 1792년 사이에는 분포상에 어떤 변화가 있었을 수도 있지만, 또한 사실에 가까운 것으로 받아들여도 좋을 것 같다.

이제 헌법에 대하여 심하게 반대했던 두 군의 대표 회의에서의 투표와 재산을 살펴보자.

표 3.   단위: £

	우스터	버크셔
헌법에 찬성	7표	43표
반대	7표	15표

표 4. 두 군의 공채와 현금 보유 현황표

	우스터	버크셔
장기채로 전환된 것, 6%	12,924	981
장기채로 전환된 것, 3%	8,184	665
장기채로 전환된 것, 무이자	5,736	384
기타 채권	10,903	602
대출된 현금	25,594	6,298

헌법에 대하여 심하게 반대했던 이들 두 군의 채권들을 살펴보면 몇몇 주목할 만한 경제적인 사실들이 드러난다. 주가 보유하고 있는 6% 채권 중에서 1만 3905파운드, 즉 8분의 1 정도만이 이들 지역에 존재하고 있었다. 그리고 3% 채권의 경우에도 8849파운드, 즉 전체의 약 8분의 1이 이 지역에 존재하고 있었다는 것을 알게 된다. 그러나

이자를 붙여 다른 사람들에게 빌려준 현금의 경우를 보면, 두 군을 합쳐 모두 3만 1892파운드로서 주 총액의 6분의 1에 달하고 있다는 것을 알게 된다. 당시 우스터가 채무자들의 권익을 옹호하는 셰이 폭동의 중심지였던 것으로 보아 많은 채권자들이 아마도 이들 인근 지역에 거주하고 있었을 것이라고 생각했을 때, 위와 같은 결과가 나온 것은 별로 놀라운 일은 아닌 듯하다.[37]

여기서는 잠정적으로 동산 세력이 상대적으로 더 강력했던 지역은 헌법의 비준을 찬성했고 이들 지역은 많은 양의 공채를 보유하고 있었다고 해도 괜찮을 것이다. 더욱이 헌법을 지지하는 운동과 공채 보유 사이에는 아주 중요한 관계가 있었던 것이 분명하다. 더 구체적으로 말하면, 헌법의 비준을 성사시키기 위해 애쓴 매사추세츠의 지도자들은 많은 양의 공채를 소유하고 있었다.

예를 들면, 보스턴은 주 비준 대표 회의에 12명의 대표를 보냈는데 그들 모두가 헌법에 찬성하는 표를 던졌다. 이들 12명 가운데 아래 사람들이 공채 보유자들이었다.[38]

---

[37] 우스터 지방의 투표 성향과 재산표의 의미를 더욱 완벽하게 하려면 지역 도시들 간 표의 분포와 재산 분포에 대한 분석이 있어야 될 것이다.

[38] 재무성 수고, ⟨Index to the Three Per Cents(Mass.)⟩; 고어(Gore),

새뮤얼 애덤스(Samuel Adams)

존 코핀 존스(John Coffin Jones)

제임스 보두인(James Bowdoin, Sr.)

윌리엄 필립스(William Philips)

토머스 도스 주니어(Thomas Dawes, Jr.)

토머스 러셀(Thomas Russell)

크리스토퍼 고어(Christopher Gore)

존 윈스럽(John Winthrop)

즉 주의 주요 재정 중심지를 대표하는 대표자 12명 가운데 적어도 8명이 개인적으로 새 헌법의 운명에 관심이 있었던 것이다. 그들이 얼마나 깊은 관심을 지니고 있었는지는 말하기 불가능하다. 왜냐하면 재구성의 원장들은 이미 사라져버린 것 같고 장기채로 전환된 채권에 대한 색인만이 남아 있기 때문이다. 그러나 몇몇 보조적인 기록들이 남아 있는데, 그 기록을 통해서도 그들 가운데 일부가 채권 거래에 광범위하게 관계를 맺고 있었다는 사실을

도스(Dawes), 그리고 필립스(Philips) 등은 〈New Hampshire Journals〉와 기타의 매사추세츠 주 기록에 등장하고 있다.

알 수 있다. 채권 보유자가 아닌 것으로 분명하게 드러난 4명은 존 행콕(John Hancock) · 칼레브 데이비스(Caleb Davis) · 찰스 자비스(Charles Jarvis), 그리고 새뮤얼 스틸먼(Samuel Stillman) 목사였다.39)

보스턴을 중심으로 한 서퍽 군의 다른 도시들도 공채를 소유하고 있는 사람들이 많았다는 보고가 있다.40)

데드햄의 피셔 데이비스(Fisher Ames, Dedham)
힝엄의 대니얼 슈트 목사(Rev. Daniel Shute, Hingham)
메드필드의 존 백스터(John Baxter, Medfield)

---

39) 색인에는 데이비스(Davis)라는 이름을 지닌 채권 보유자가 몇 명 나타나고 있다. 그들은 Johathan, James, Aaron, Susanna, John, Nathl, Joseph, Moses, Thomas, Saml, Wendell 그리고 John G. 등이다. 그들이 Caleb의 친척이었는지는 분명하지 않다. 그밖에 Leonard와 Nathl. Jarvis라는 이름도 책에 나오고 있고, 또 Mary Hancock, Belcher Hancock라는 이름도 나오고 있다.

40) 웨일스(Wales)와 워런(Warren)을 제외한 이들 모든 사람들은 〈Index to the Three Per Cents(Mass.)〉에 나오고 있다. 웨일스와 워런은 장부에 구채권을 소유하고 있었던 사람으로 등장하고 있다 (〈Loan Office Certificates〉, 1779~1788, Mass.). 그리고 그들이 언제 어떻게 그들이 보유하고 있던 것들을 처분했는지는 알려져 있지 않다.

록스베리의 인크리스 섬너(Increase Sumner, Roxbury)

도체스터의 제임스 보두인(James Bowdoin, Jr., Dorchester)

웨이머스의 코튼 터프츠(Cotton Tufts, Weymouth)

브레인트리의 리처드 크랜치(Richard Cranch, Braintree)

도체스터의 에버니저 웨일스(Ebenezer Wales, Dorchester)

프랭클린의 J. 피셔(J. Fisher, Franklin)

폭스보로의 에버니저 워런(Ebenezer Warren, Foxboro)

록스베리의 윌리엄 히스(William Heath, Roxbury)

브레인트리의 앤서니 와이버드 목사(Rev. Anthony Wibird, Baintree)

헐의 토머스 존스(Thomas Jones, Hull)

힝엄의 벤저민 링컨(Benj. Lincoln, Hingham)

다른 말로 하면, 매사추세츠 주 대표자 회의에서 헌법의 비준에 찬성표를 던진 보스턴과 서퍽의 34명 가운데 22명이 공채 보유자였던 것이며, 이 가운데 2명(웨일스와 워런)을 제외한 20명이 비준의 결과 효력을 발휘한 국채 평가절상으로 이득을 보았다. 요약하면, 매사추세츠 대표자 회의에는 보스턴을 포함한 서퍽 군 출신 대표들이 39명 있었다. 이들 가운데 34명이 헌법의 비준에 찬성표를 던졌고 이들 34명 가운데 22명이 정확히 공채 보유자였다.

매사추세츠의 다른 군 출신 헌법 지지자들이 그렇게 많은 채권을 소유하고 있었다고는 기대할 수 없고 기록을 대충 훑어보아도 이와 같은 말이 사실인 것 같다. 보스턴은 연방주의 운동의 중심지였고, 마침내는 새로운 정부 조직 채택을 얻어내게 된 연방주의를 위한 투쟁의 원천이었다.

이 장에서 제시된 자료들을 통하여 아래와 같은 3개의 결론이 가능할 것 같다. 헌법 비준을 찬성하는 움직임이 상업·제조업·공채, 그리고 동산 이익들이 일반적으로 강력한 힘을 지니고 있던 지역에 특별히 집중되어 있었다고 한다면, 동산 소유자들이 새 정부에서 무엇인가 그들에게 이익이 될 힘과 보호력을 보았다고 결론을 내리지 않을 수 없다.

비준을 지지하는 운동의 지도자들 가운데 많은 사람들이 공채 소유자였고, 공채가 동산 재산 가운데 많은 비중을 차지하고 있었다고 한다면, 공채라는 경제적 이해가 새 제도의 채택을 가져오는 데 있어서 제일 중요한 요소는 아니라고 하더라도 매우 중요한 동적 요인이었음은 분명하다. 주 대표자 회의는 필라델피아 제헌 회의와 마찬가지로 '공평무사했던' 것은 아니었던 것으로 나타나고 있다. 오히려 사실상 새 정부 제도를 지지했던 지도적인 옹호자들은 대부분 실제 경제적 우위가 흔들리고 있던, 제헌 회의 대표자들과 같은 현실적인 사람들이었다. 헌법에 대한 반대는 거의 일률적으로 농업 지역으로부터, 그리고 채무자들이 지폐 옹호 집단을 형성하고서 또 다른 화폐 평가절하 안을 추진하고 있던 지역으로부터 나왔다.[41]

---

41) 공채를 소유하고 있는 자들 가운데서도 헌법에 반대한 사람들이 있었으나 그 수가 많지는 않았다.

제11장 동시대인들의 눈에 비친 비준을 둘러싼 경제적 갈등

 헌법의 형성 및 채택과 관련된 사회적 갈등의 성격을 밝혀냈고, 이 갈등에 참여했던 사람들과 그들이 소속되어 있던 몇몇 집단 이해 단체들의 가상 비율을 살펴보았으므로, 비록 근본적인 중요성을 지니는 것은 아닐지라도, 당시 진행 과정에서 나타난 적대 관계의 성격을 당시의 주요 사상가들이 간파하고 있었는지 조사해 보는 것도 흥미 있는 일이 될 것 같다. 이 글에서 이와 같은 조사의 결과를 전부 다 진술할 수는 없고, 몇 가지 실례가 되는, 그리고 대표자적인 의견들만을 제시하겠다.

 1787~1789년도의 편지·신문·팸플릿 등을 수 주 동안 차분히 연구해 보면 누구라도, 지폐와 농업 이익을 그 근거로 삼고 있는 인민당(popular party)과, 도시 지역에 집중되어 있으며 금융·상업·동산 등의 이익에 일반적으로 의존하고 있는 보수당 사이에 뿌리 깊은 갈등이 있었다는 결론에 도달하게 된다. 팸플릿에 인쇄된 비판의 많은 것들이 헌법의 여러 점들에 관한 논란과 관계된 것이라는 것도 사실이지만,《연방주의론》의 저자들이나 보다 심

각한 반연방주의자들처럼 문제의 근본까지 파악하고 있는 저자들은 부수적인 성격의 설이 분분한 세목뿐만 아니라 그 투쟁의 근본적인 요소들에 대해서도 조심스럽게 주의를 기울이고 있었다.

헌법 반대론자들이 내놓은 표면적인 반대 이유들의 많은 것이 명분에 지나지 않는다는 것을 매디슨은 간파하고 있었다. 그는 1788년 10월에 제퍼슨에게 편지를 쓰고 있다. "여기에 동봉된 작은 팸플릿을 보면 새 헌법을 위해서 주 대표자 회의가 제안해 온 개정안에 대한 집단적인 견해를 알 수 있을 것입니다. 그들은 다양하고 수가 많은 것처럼 나타나고 있지만, 많은 진짜 반대 이유를 말하지 않고 있습니다. 조약에 관한 조항, 지폐에 관한 조항, 계약에 관한 조항 등이 새 헌법이 추구하는 체제 속의 긍정적인 것, 부정적인 것을 포함한 모든 실수를 합친 것보다 더 많은 적을 만들고 있습니다."

당연히 새 제도를 지지하는 팸플릿 출판자들 가운데 신중한 자들은 너무 적나라하게 그 동인들을 나열하는 데 조심스러웠는데, 왜냐하면 그들의 힘은 더 뿌리 깊은 적대감을 일으키기보다는 반대자들의 양보를 얻어내는 데에 있었기 때문이었다. 그러나 그와 같은 유화적인 내용의 인쇄물 가운데서도 헌법의 채택으로 기대할 수 있는 물질적 이익들은 끊임없이 제시되었다.

한 계층의 재산상 이익이 다른 계층과 상충하고 있다는 사실을, 당시 사람들이 가장 솔직하게 인정하고 있었다는 것을 발견하게 되는 곳은, 비준을 둘러싼 공방이 가장 치열했던 주의 전단지에서다. 이와 같은 이들의 인식은 반대자에 대한 공격에서보다는 이 투쟁의 결과에 사활이 달린 집단들에 대한 호소의 글 가운데 나타나고 있다. 그러나 물론 채무자나 지폐 옹호자들에 대한 악의에 찬 인신공격도 일반적인 현상이었다. 상인들·대금업자들·공채 소유자들 등은 자신들의 경제적 안정이 새 국민 정부의 설립에 달려 있다는 근거에서 헌법을 지지하지 않으면 안 되었던 것이다.

헌법 비준을 둘러싼 대립의 성격은 아마도 상대방에 의해 각각 냉소적으로 자신들의 강령이라고 일컬어졌던 그 강령 속에 가장 잘 반영되어 있을 것이다. 헌법 반대자들을 움직였던 계층 지향성을 매우 간결하게 나타내 주고 있는 반연방주의 논설의 논조는 대체로 다음과 같다. "출신이 좋은 아홉 번, 귀족주의 열여덟 번, 출판의 자유 열세 번, 양심의 자유 한 번, 흑인 노예 한 번 언급, 법관에 의한 재판 일곱 번, 위대한 사람들 여섯 번 반복, 윌슨 씨(Mr. Wilson), 40번… 이런 것들을 끌어 모아 마음대로 꾸며 다른 사람의 흥미를 유발시키고 있다."[42] 이런 식이었다.

자신들의 주장에 대한 이와 같은 풍자적인 비판에 대해, 반연방주의자들은 '모든 연방주의자들의 정치 강령'이라는 것을 아래와 같이 정형화시켜 응대하는 식이었다. "나는 최근의 대표자 회의의 무오류성과 충분한 지혜, 그리고 무한한 선을 믿는다. 다른 말로 하면 나는 어떤 사람들은 너무나 완벽해서 그들이 실수를 저지르거나 혹은 악을 기도하는 것이 있을 수 없다는 것을 믿는다는 것이다. 나는 대부분의 사람들이 자기 주변의 관심사에 대해서도 판단을 내릴 만한 능력이 없어서, 그들보다 우수한 사람들의 의견으로 인도를 받아야만 한다는 것을 믿는다… 나는 귀족정이 가장 훌륭한 정부라는 것을 믿는다… 나는 법관에 의한 재판과 출판의 자유가 모든 현명한 정부로부터 배제되어야 한다는 것을 믿는다… 나는 새 헌법이 자유를 보호해 주는 보루-고통을 없애주는 위안-정의의 정수-그리고 모든 인류의 경이라는 것을 믿는다. 간단히 말해서 나는 그것이 지금까지 세상에 제시된 것 가운데 가장 훌륭한 형태의 정부라는 것을 믿는다는 것이다. 나는 새로 제안된 정부에 관한 안건에 반하여 말하고 쓰고 읽고

---

42) 〈New Hampshire Spy〉, November 30, 1787.

생각하는 것이 지옥에 떨어질 이단의 주장이며, 가증스러운 반란이고, 대표자 회의의 통치 권위에 반하는 배반이라는 것을 믿는다. 그리고 마지막으로 나는 믿음이 나와 다른 사람은 누구나 극악무도한 악당이라고 믿는다. 아멘."[43]

갈등에 대한 마셜의 분석

자주 '귀족주의'와 '민주주의' 사이의 정쟁이라는 형태를 지니고 있었던 경제적 이익들 사이의 반목이, 대결의 열기로 눈이 멀어 있었던 당파적 인물들에게만 간파되었다고 생각해서는 안 될 것이다. 반대로 그것은 날카로운 사상가들에 의해 잘 파악되어 있었다. 사실 관찰자의 지혜가 깊으면 깊을수록, 현안 문제들에 대한 이해가 분명해진다고 사람들은 말할지도 모른다. 헌법 제정 과정에 대한 생각에 대해서 이미 완전히 논의된 바 있는 매디슨 다음으로 존 마셜(John Marshall)은 아마도 새 정부 기구의 성격을 가장 잘 이해하고 있었을 것이다. 그리고 그것을 생산한 사회적 세력, 그것이 성취하려 한 커다란 목적 등에 대해서도 이해하고 있었을 것이다. 법조계에 몸을 담고 있는 법관으로서 그는 물론 법학적인 언어를 사용했고

---

43) 〈American Museum〉, July, 1788, Vol. IV, 85쪽.

헌법을 전체 국민의 창조물이라고 말했다. 대단한 통찰력을 지니고 있는 역사학자로서 그의 능력은 법조계의 전통적인 언어로 인해 장애를 받은 적이 없었기 때문에, 매우 정확한 필치로 헌법의 채택을 이끌어냈으며 동시에 헌법의 성격에 커다란 영향을 끼쳤던 경제적 갈등에 관해 묘사하고 있다. 대표 저작인 《워싱턴의 생애(Life of Washington)》에서 마셜은 이 갈등에 관해 매우 정확하게 언급하고 있다.

첫째, 먼저 상업 이익이 연합 헌장하에서 혹독한 시련을 당하고 있었다. 둘째, 공채 소유자들은 정부에 대한 신뢰를 잃었다. 셋째, 재산권에 대한 상이한 견해 때문에 미국 전체에 야기된 깊은 골이 생겨났다. 마지막으로 재산권에 관한 다양한 관점이라는 면에서 이 두 개 당파 사이의 분열은 너무나 심각하여 새 헌법이 '전체 국민'으로부터 진행되었던 것이 아니라 하마터면 완전히 패배를 면치 못할 뻔했다.

주 사이의 갈등

헌법 비준을 둘러싼 갈등의 성격에 대한 이와 같은 일반적인 관찰에서 눈을 돌려, 각 주 사이의 대립을 대상으로 그 대표자 격인 참석자들이 지니고 있던 견해들을 검토해 보기로 하겠다. 뉴햄프셔는 헌법 채택의 순간에 '귀족적'인 당과 '농촌'당으로 날카롭게 분열되어 있었다. 매사추세츠에서 나타난 헌법을 둘러싼 대립은 한편의 동산 이익과 다른 편의 소농민 및 채무자들 사이에 일어난 날카로운 대립이었다. 그리고 이 사실은 양측의 모든 지도자들에게 인정되고 있었던 것 같다. 사회 갈등에 대한 이런 견해는 너무나 자주 제시되어 왔고, 그리고 너무나 많은 이름 있는 관찰자들에 의해 제시되어 왔기 때문에, 그 많은 자료들 가운데 상황을 가장 적절히 묘사해 줄 전형적인 표현을 선택하기가 쉽지 않다.

뉴저지와 델라웨어 이들 두 주에서는 헌법의 비준이 신속히 이루어졌는데, 이런 이유로 각자 나름의 경제적인 바탕이 마련되어 있었다 하더라도, 날카로운 대립이 벌어질 시간이 없었다. 펜실베이니아에는 헌법 비준을 둘러싼 투쟁 동안 도시와 농촌의 대립, 다시 말하면 동산과 부동산 사이의 대립은 이 주에서는 너무나 두드러진 것이어서 모든 연구자들에게는 아주 분명한 것으로 보였고, 또 당시 양측 지도자들이 빈번히, 그리고 폭넓게 언급한 그와 같은 주제였다. 헌법의 비준을 둘러싼 메릴랜드에서의 대립은 매우 날카롭고 과열되어 있었는데, 양편 모두 신문의 논설이나 팸플릿 등에서 검토되고 있었다. 모든 논쟁 속에 이

싸움이 채무자와 채권자, 자산가와 토지 균분론자 사이의 싸움이라는 사실을 인식하고 있었음이 나타나고 있다.

결론

 이 장황하고 지루한—장서 목록 같은 성격의—조사 연구를 끝내면서, 제시된 자료들을 통해 입증된 것으로 보이는 몇 가지 중요한 결론들을 함께 묶어 제시하는 것도 의의가 있는 일인 듯하다. 미연방 헌법 제정 운동은 원칙적으로 '연합 헌장'하에서 불이익을 당한 네 개 집단의 동산 이익들에 의해서 시작되었고 진행되었다. 즉 현금·공채·제조업, 그리고 무역 해운업 등이 그 이익집단들이다. 헌법의 제정을 위한 첫걸음은 자신들이 개인적으로 소유하고 있는 재산들을 통해 자신들의 노력의 결과에 즉각적으로 관계하게 될 소수의, 그러나 활동적인 한 집단에 의해서 시작되었다.

 헌법을 기초한 제헌 회의 소집에 관한 제안에 대해서는 직접적이든 간접적이든 국민투표(일반투표)가 실시되지 않았다. 많은 무산대중들은 전반적인 투표권 자격 규정하에 처음부터 헌법을 기초하는 작업에서 대표자들을 통한 참여가 배제되어 있었다.

 헌법을 기초한 필라델피아 제헌 회의 구성원들은 몇몇을 제외하고는, 즉각적으로, 직접적으로, 그리고 개인적으로 새로운 제도의 성립으로 있을 경제적 이익과 관련이 있고, 또 그 이익을 확보할 수 있었다. 헌법은 재산에 관한 개인의 기본권은 정부에 우선하고 또한 도덕적으로 그 기본권이 대중의 영향력 밖에 존재하고 있다는 관념에 기초한 경제적 문서였다.

제헌 회의 구성원들의 다수가 헌법 속에 재산의 특별한, 그리고 보호적인 지위를 담는 것이 당연하다고 인정하고 있는 것으로 기록되어 있다. 헌법 비준 과정에서 무관심이나 혹은 재산상의 자격 규정에 의한 참정권 박탈로 인해 주 대표자 회의에 보낼 대표자 선거에 불참함으로써, 성인 남자의 4분의 3 정도가 투표하지 못했다. 헌법은 성인 남자의 6분의 1이 넘지 않는 표로 비준되었다. 뉴욕·매사추세츠·뉴햄프셔·버지니아, 그리고 사우스캐롤라이나 등의 주 대표자 회의를 위한 선거에 참가한 유권자들 다수가 실제로 헌법 비준에 찬성했는지 의심의 여지가 있다. 비준을 위한 대표자 회의에서 헌법을 지지한 지도자들은 필라델피아 제헌 회의 구성원들과 같은 경제적 집단을 대표했다. 그리고 많은 예에서도 분명해지듯이, 그들도 또한 직접적으로, 그리고 개인적으로 자신들이 추진하고 있는 일의 결과로서 나타나게 될 대가에 관심을 기울이고 있었다.

비준 과정에서 헌법을 둘러싼 찬반 주장이, 한편에는 자산가의 동산 이익을 두고 다른 한편에는 소농가·채무자 이익집단들을 둔, 양 집단 간의 대립이었다는 것이 분명해졌다. 헌법은 법학자들이 말하듯이 '전 국민'에 의해서 창조된 것이 아니며, 또한 남부의 연방법 무효화를 주장하는 자들이 오랜 기간 주장해 왔듯이 '주'에 의해서 창조된 것도 아니다. 그것은 이해관계가 여러 주에 걸쳐 있으며, 그 범위가 대단히 전국적인, 결집력이 강한 한 집단의 작품이었다.

해설

이 책은 찰스 비어드(Charles A. Beard)의 《An Economic Interpretation of the Constitution of the United States》(1935)를 번역한 것이다. 그의 저서는 이외에도 1930년에 출판된 《미국 문명의 흥기(The Rise of American Civilization)》와 1948년에 출판된 《루스벨트 대통령과 1941년 전쟁의 발발(President Roosevelt and the Coming of the War 1941)》 등을 포함해 총 44권에 달한다. 비어드는 소위 혁신주의와 상대주의 사관을 형성시킨 역사가이자 정치학자로 널리 알려진 인물이다.

그는 1874년 인디애나(Indiana) 주의 나이츠타운(Knightstown)에서 태어나 드포(De Pauw) 대학교와 컬럼비아(Columbia) 대학교에서 수학하고 동 대학교에서 정치학을 가르쳤다. 1917년에 학문의 자유를 위해 교수직을 사임했고, 이후 몇 년을 제외하고는 대학에 돌아가지 않았다. 그는 역사 연구에 있어서 객관적인 역사 해석을 중시하는 19세기와 20세기 초의 레오폴트 폰 랑케(Leopold Von Ranke)식의 실증주의에 반기를 들고 역사적 상대주의를 주장했다.

1913년에 이 책이 출판된 후 1930년대까지 그의 주된 관심은 미국 제도에 대한 비판이었다. 미국 사학계에서 그의 학문적 영향력은 거의 절대적이어서 후학들 중 어느 누구도 그의 저작을 읽지 않고는 미국의 제도와 미국사와 미국 헌법 문제를 제대로 이해했다고 할 수 없을 것이다. 심지어 그를 강력하게 비판한 마르크스주의자, 예를 들어 유진 제노비스(Eugene D. Genovese)조차도 그의 학문적 영향력을 인정하고 있는 것으로 보아 이 점을 알 수 있다.

이 책의 주요 논지는 1787년 여름에 미국 헌법을 만든 55명의 제헌 회의 대표자들과, 헌법이 만들어지고 난 후 이를 비준하던 주 비준 회의에 참석했던 사람들의 경제적 이익이 어떤 관계를 갖고 있었는가를 분석하는 것이다. 즉 미국 헌법을, 건국 선조들이 사리사욕을 초월해서 제정한 철학적 원칙을 가진 신성한 문서라고 보는 전통적인 해석에 대항하여, 그는 미국 헌법이 동산 소유자·채권자와 소농민·채무자 이익집단들 간 대립의 결과였으며, 전자의 이익을 대변하는 경제적 문서라는 새로운 해석을 시도했다. 이런 기본적인 논지를 바탕으로 이 책은, 기존 역사 해석의 비판(여기서부터 1930년대 그의 상대주의적인 역사 해석의 뿌리가 보이고 있다), 제헌 회의 대표자 선출에서의 경제적 이익, 소수대표자 선출을 위한 투표권의 재산 자격 제한, 새 정부 출범으로 인한 제헌 회의 대표자들의 경제적 이익(특히 동산), 경제적 문서로서의 헌법과 비준 회의 대표자들의 경제적 이익 등을 차례로 논하고 있다.

이 책은 출간 이후 미국사와 미국 법조계에 큰 영향을 끼쳤다. 미국 헌법을 신성시하던 미국인들은 경악했고, 혁신주의 성향이 일어나고 있던 당시 학계는 칭찬을 했다. 이 책은 경제적 결정론에 입각해 있지만 경제적 결정론자의 책은 아니다. 즉 1935년판 저자 서문에서 "역사가 경제적 관점이나 혹은 기타 어느 한 관점으로 '설명될' 수 있다거나 혹은 '설명되어야' 한다는 등의 생각을 결코 하고 있지 않다. 진정으로 역사를 '설명'하는 사람이 있다면 그 사람은 신학자들이 말하는 소위 신의 특성을 지니고 있다"고 말하여 그의 저술이 편파적인 것이 아님을 밝히고 있다. 말하자면 그는 마르크스가 태어나기 전에 이미, 아리스토텔레스의 《정치학》이나 마키아벨리의 저술, 심지어 미국 헌법을 지지하는 입장에서 작성된 《연방주의론》 제10호, 대니얼 웹스터(Daniel Webster, 1830~1840년대 북부를 대변하던 미국 정치가)의 저술 등에서, 경제적 결정론이나 계급 갈등이 존재했다고 주장한다. 어느 역사가든 나름대로의 역사 해석을 할 수 있듯이, 그도 신념에 따라 경제적 분석을 했던 것이다.

프레더릭 J. 터너(Frederick J. Turner)와 함께 20세기 전반에 혁신주의 학파를 이끌었던 그는, 시간이 흐르면서 초기의 이런 경제적 결정론을 점차 미국적 민주주의를 찬양하는 방향으로 바꾸었다. 그런 점은 1943년 마지막 저술인 《공화국(The Republic)》에 가장 잘 드러나 있다. 그는 초기의 산업주의 발견과 기성 제도 비판에서 점차 미국 문명과 민주주의를 찬양하는 쪽으로 기울어졌다. 그는 대체로 전문적인 학술서는 제도에 대한 비판을 위주로 썼고, 개설서는 미국적 민주주의를 우호적으로 보는 관점에서 서술했다.

이 책은 저자의 학문적 권위와 문체 및 연구 방법론 등의 측면에서, 학계에 큰 영향을 끼쳤다. 저자는 수많은 관련 인물들의 경제적 배경을 세밀하게 추적하여 결론을 끌어냈으며, 이를 통하여 새로운 연구 방법론과 서술상의 기술을 역사학도들에게 보여주었다. 그의 통계적인 기법과 유려한 서술 방식 또한 후학들의 귀감이 되었다.

여기서 미국 헌법에 대해서 간단하게 설명하는 것이 좋겠다. 미국 헌법은 미국의 기본적인 정치, 경제, 사법제도를 간명하게 체계화해 규정하고 있다. 미국 헌법 본문은 7개 조문으로 구성되어 있다. 제1조는 모든 입법권을 연방

의회 상하 양원에 부여하고 있다. 이 권한에는 조세 부과, 금전 차용, 주간 통상(州間通商)의 규제, 군사력에 관한 규정, 전쟁 선포, 하원 의석수 및 의사 규칙 결정 등이 포함된다. 하원은 탄핵 소추 절차를 개시하며 상원은 이에 대해 심판한다. 제2조는 행정권을 대통령에게 부여하고 있다. 대통령의 공식적 책무에는 행정부의 수반, 군의 총사령관, 조약 체결자(상원 의원 3분의 2의 동의를 요함)로서의 책무 등이 있다. 제2조 2항 대통령의 임명권은 광범위하지만 상원의 '조언과 동의(의원 과반수의 승인)'에 따라야 한다. 대통령의 비공식적 책무는 의회에 대한 입법 제안을 비롯한 정치적 지도까지 포괄하는 것으로 확대되어 왔다. 제3조는 사법권을 각급 법원에 부여하고 있다. 각급 법원에서 연방헌법을 해석하며 연방 대법원은 주 법원과 하급 연방법원의 최종 상소법원이다. 미국 법원들은 법률의 합헌성 여부를 결정하는 사법 심사권을 가지는데, 법원이 이처럼 헌법에 명시되어 있지 않은 비상한 권한을 행사하는 예는 다른 나라에서 거의 찾아볼 수 없다.

헌법 제5조에 의하면 헌법 수정안은 연방의회 양원에서 3분의 2의 투표로 제안하거나, 3분의 2 이상의 주 의회 요구로 연방의회가 소집하는 헌법 회의에서 발의할 수 있다. 주 의회나 연방의회가 발의한 수정안은 주 의회의 4분의 3 이상 혹은 같은 수의 주헌법 회의에서 비준을 받아야 한다.

1789년 이래 26개의 수정 조항이 헌법에 추가되었다. 최초 10개의 광범위한 수정 조항들 이외에, 1865년 노예제를 폐지하는 제13조, 1868년 흑인에게 공민권을 부여하는 제14조, 1870년 인종에 관계없이 투표권을 보장하는 제15조가 있다. 1913년 제17조는 연방 상원 의원의 직선을 규정하고 있으며, 1920년의 여성 참정권에 관한 것은 제20조다. 1951년의 제22조는 대통령 재임을 2회로 제한하고 있다. 미국 헌법은 성문헌법이라는 외양에다가 국민에게 주권을 위임하고 연방의 주에 대한 우위를 천명했으며, 삼권분립 원칙과 지방자치제, 그리고 사법권의 위헌 심사권이라는 내용이 들어 있다.

사실 미국 헌법은 미국 법들의 최고법이자 미국 법치주의의 근간이 되었다. 피상적인 헌법의 모습과 달리 미국 헌법을 만드는 과정에는 수많은 변수와 이해관계가 상충되었고, 합의를 찾아야 했다. 그 합의는 거대한 담론과 소소한 구절에 대한 토론과 해석의 길고 긴 시간과의 싸움이었다. 일일이 모든 자구를 가지고 토론을 하는 과정에 대표자들의 수많은 담론과 철학과 경제적 이해관계가 충돌했던 것이다. 그러나 분명한 것은 55명의 대표자가 누구도 경제적 이해관계로 헌법을 만들었다고 구두로 고백하거나 글로 남겨둔 경우는 없기 때문에, 비어드의 글은 모두 직설법이 아닌 추정이라 할 수 있다. 그 추정이 애매모호한 철학적 언사가 아닌 분명한 역사적 사실로 증명되고 있기 때문에 우리에게 더욱 분명하게 다가온다.

경제적 이해관계, 다시 말해서 55명의 대표자들과 각 주의 비준 회의 대표자들이 재산을 늘리려고 헌법을 만들었다는 생각은 얼마나 신선하며 비판적인가? 이 책이 나온 지 어느덧 100년이 되어가고 있다. 100년 가까이 계속해서 읽히고 끊임없이 논쟁이 되었으니 고전이라 할 만하다. 많은 학자들이 여러 가지 역사적 사실로 이 책의 잘못을 지적하고 있다. 비어드가 완벽한 인간이 아니고 완전한 역사학자가 아니었듯이, 이 책도 역사적 사실 확인에서 약간의 잘못을 저질렀고, 1935년판 서문에서 저자도 그것을 지적하고 있다. 그러나 약간의 잘못이 책의 명성을 바꿀 정도는 아니었다. 그는 그 후 한 자의 자구도 고치지 않았으며, 지금까지 계속해서 그대로 출판되고 있다. 이것은 젊은 역사학도로서의 자신감과, 이 책의 영향력에 대한 저자의 믿음에 비롯된 것이리라. 결국 역사학을 전공하는 많은 후학들에게 영향을 끼친 책이 바로 이 《미국 헌법의 경제적 해석》이라 할 수 있는 것이다.

지은이에 대해

찰스 비어드(Charles A. Beard)는 1874년 미국 인디애나 주의 나이츠타운에서 태어났으며, 1948년에 코네티컷의 뉴헤이번(New Haven)에서 사망했다. 미국 정치제도의 발전 과정에 대해 반기를 든 역사학자이면서도 현실 개혁 운동가였다. 역사에서 사회경제적 갈등과 변화가 가지는 역동성을 강조하고, 미국의 여러 제도가 성립되는 과정에 개입된 동기가 경제적이라는 것을 분석했다. 인디애나 주 드포 대학교를 졸업하고 영국의 옥스퍼드 대학교에서 공부했으며, 1904년부터 컬럼비아 대학교에서 정치학을 강의하기 시작했다.

이후 혁신주의 운동과 자유주의 세력의 지도자 가운데 한 사람으로서 시카고 및 뉴욕 시 정부와 행정부 및 국가 발전 계획에 개선을 요구하는 운동을 이끌었다. 미국 최초의 여성 복지관인 시카고의 헐 하우스(Hull House)에서 강의를 하기도 했다. 처음에는 유럽사에 흥미를 느껴 J. H. 로빈슨(Robinson)과 함께 유럽사를 공동 집필했는데, 이 책은 교재로 널리 사용되었다. 이어 역사에서의 경제적 해석의 도식을 발전시켜 1913년에 유명한 《미국 헌법의 경제적 해석(An Economic Interpretation of the Constitution of the United States)》을 내놓았다.

부인 메리 R. 비어드(Mary R. Beard)와 함께 1927년에 미국사 연구의 기념비적 결정판인 《미국 문명의 흥기(The Rise of American Civilization)》를 내놓았다. 이 책은 이후 1939년의 《중앙 항로상의 미국(America in Midpassage)》과 1942년의 《미국의 정신(The American Spirit)》으로 보완되었다.

제1차 세계대전 와중에 일어난 '빨갱이 사냥'의 여파로 일부 교수들이 반국가 행위와 전복 기도 혐의로 조사받고 해고된 일에 항의하여, 1917년에 컬럼비아 대학교 교수직에서 물러났으며, 1919년 뉴욕 시 사회 연구학교를 공동으로 창립했다. 비어드는 1930년대부터 다시 역사 저술 집필에 들어갔다. 역사 연구에 있어서 객관적인 역사 해석을 중시하는 19세기와 20세기 초의 레오폴트 폰 랑케(Leopold Von Ranke)식 실증주의에 반기를 들고, 현대 역사 연구에서 가장 중요한 학파인 상대주의 학파를 만들었다. 이것은 역사 연구에서 절대적인 진리와 완벽한 과거 복원은 불가능하고, 역사가의 주관적인 사관이 필연적으로 개입된다는 사관이었다. 이 사관은 20세기의 대표적인 역사관이 되어 20세기 중반 이후 에드워드 카(E. H. Carr)로 이어졌고, 지금도 지배적인 사관이 되어 있다.

    1930년대 후반과 1940년대 후반까지 행정부의 외교정책을 비난하는 일련의 글들을 집필하고 (예를 들면, 1948년 사망하던 해에 출판된 《루스벨트 대통령과 1941년 전쟁의 발발(President Roosevelt and the Coming of War 1941)》) 고립주의자라는 비난을 받았다. 이후 많은 학자들의 연구 결과, 몇 가지 사실(史實) 선택이 잘못되었고, 해석에서 문제점이 있다는 비판을 많이 받았으나, 비어드가 내놓은 해석의 큰 틀에서 벗어난 것은 아니었다. 그는 현재까지도 미국 역사가들 중에 가장 영향력 있는 학자들 중 하나로 손꼽히고 있다.

옮긴이에 대해

양재열은 1956년 3월 19일 경북 영천에서 태어나 1975년 대구 대륜고등학교를, 1983년 계명대학교 역사학과를 졸업했다. 이어 1985년 경북대학교 대학원 사학과에서 석사를 마치고 미국 라번 대학교(University of LaVerne) 대학원에서 수학했다. 1993년 계명대학교 대학원에서 〈1840년대 미국 정치와 지역주의〉라는 논문으로 문학박사 학위를 받았다. 전공은 서양사 중에서 미국사이며 주로 미국 정치와 지역주의에 대해 연구하고 있다. 1997년에서 2004년까지 대구신학원의 부교수로 재직했다. 현재는 영남대학교 명예교수다. 역서로는 《미국의 정치국가》(조엘 실비)가 있으며, 저서로는 《로마인 이야기》, 《중세인 이야기》, 《서양의 역사와 문화 기행》, 《한국인을 위한 미국사》, 《1840년대 미국 정치와 지역주의》, 《서양의 역사와 문화 탐구》, 《미국 외교사》(공저), 《문명의 이해》(공저) 등이 있다.

원서발췌 미국 헌법의 경제적 해석

지은이 찰스 비어드
옮긴이 양재열
펴낸이 박영률

초판 1쇄 펴낸날 2012년 8월 8일
개정1판 1쇄 펴낸날 2025년 2월 15일

커뮤니케이션북스(주)
출판등록 제313-2007-000166호(2007년 8월 17일)
02880 서울시 성북구 성북로 5-11
전화 (02) 7474 001, 팩스 (02) 736 5047
commbooks@commbooks.com
www.commbooks.com

ⓒ 양재열, 2025

지식을만드는지식은
커뮤니케이션북스(주)의 고전 출판 브랜드입니다.
이 책은 저작권자와 계약해 발행했으므로, 본사의 서면 허락 없이는
어떠한 형태나 수단으로도 이 책의 내용을 이용할 수 없습니다.

ISBN 979-11-7307-736-4 03360

책값은 뒤표지에 있습니다.